Was, wenn alles möglich wäre?

Wie Magie Ihr Leben bereichern kann

Inhaltsverzeichnis

TEIL II: SHOWTIME

Vorwort

Ron G Holland – Autor von „The Millionaire Within" und „Turbo Success", London – New York 2016

Es wurden schon eine Menge Bücher von Zauberern und Magiern geschrieben – und ehrlich gesagt, die meisten sind wirklich sehr gut. Nur manchmal kommt dann eines heraus, das ganz außerordentlich ist, auf eine gewisse Art tatsächlich magisch. Das Buch, das Sie hier lesen werden, hat diese magischen Eigenschaften. Und wenn Sie sich an die Weisheit halten, die es enthüllt, kann es Sie auf eine höhere Ebene und weit darüber hinausbringen.
Ich glaube, wenn es um Selbst-Hilfe geht, liegt das größte Geheimnis im „tatsächlich machen müssen". Mir ist völlig klar, dass die meisten Menschen genau das aber nicht tun. Genauso klar ist mir aber auch, dass "Magic Victoria" praktiziert, über was sie schreibt, was sie anderen rät. Und genau deswegen haben ihre Magie und ihre Illusionen so eine prickelnde, ganz einzigartige Brillanz.

Was ich an diesem Buch ganz besonders liebe, sind die Details dazu, was man unternehmen soll und kann. Und genau deswegen sollte man es immer und immer wieder lesen. Denn, wie immer, wenn es um Magie geht, ist vieles zunächst verborgen und nicht sofort offensichtlich Und wenn Sie es dann gelesen und sich damit auseinandergesetzt haben, dann kommt der nächste Schritt: Handeln Sie danach in Form von Taten und vor allem auch im richtigen Geist. Fangen Sie an, fangen Sie wirklich an – und Ihr Leben, Ihre Arbeit und Ihre Beziehungen werden sich auf magische Weise verändern. Und das ist nicht nur ein Versprechen – es ist Magie!

Wo wären Sie, wenn alles möglich wäre?

Wo wären Sie genau jetzt, wenn alles möglich wäre? Wenn Sie gesundheitlich topfit wären? Wenn Sie an jedem Ort sein könnten, an dem Sie sein möchten? Wenn Sie den Job hätten, den Sie immer haben wollten? Wenn Sie mit dem Menschen zusammen seit könnten, mit dem Sie immer zusammen sein wollten? Das Abenteuer erleben könnten, das seit Jahren auf Ihrer Wunschliste steht? Und die alles entscheidende Frage: Warum sind Sie noch nicht dort oder warum haben Sie das noch nicht erreicht? Wenn ich in meiner Zaubershow diese Frage stelle, finden die Zuschauer sofort die wahnwitzigsten Ausreden und Ausflüchte. Glauben Sie mir, hier werden die Leute wirklich erfinderisch – dabei wäre diese Kreativität an anderer Stelle doch weitaus besser aufgehoben. Und was die meisten dabei vergessen: es kostet sehr viel Energie, all diese Ausreden zu sammeln und aufrecht zu erhalten. Manchmal ist also genauso anstrengend erfolgreich zu sein, wie es anstrengend ist, erfolglos zu sein. Das liegt in Ihrer Hand.

Denn es ist wirklich alles möglich. Das hat mich die Magie gelehrt und das möchte ich gerne an Sie weitergeben. Die wenigen Ausnahmen, zu denen wir in diesem Buch auch noch kommen werden, sind nicht das, was die meisten Menschen davon abhält, ihre Träume zu erfüllen. Meist hält sie nur eine Entscheidung, eine bestimmte oder unbestimmte Angst oder die Zeit, die angeblich noch nicht ganz reif dafür ist, vom gewünschten Zustand ab. Wir werden das alles genauer betrachten. Vielleicht fangen Sie auch gerade erst damit an, sich Gedanken zu machen, wie Ihr magisches Leben aussehen könnte? Das ist auch in Ordnung. Es ist nicht nötig, sich unter Druck zu setzen. Auch wenn Sie feststellen, wie riesig die Kluft zwischen Ihrem Ist-Zustand und Ihrem Traumleben ist, es muss nicht alles auf einmal passieren, nicht der ganze Weg auf einmal gegangen werden. Wenn Sie sich ins Auto setzen, um von Hamburg nach Freiburg zu fahren, können Sie nachts auch immer nur so weit sehen, wie Ihre Autoscheinwerfer gerade leuchten. Aber Sie werden am Ende trotzdem in Freiburg ankommen, Etappe für Etappe, ohne den gesamten Weg auf einmal zu sehen. Das einzig Entscheidende ist: Sie kommen an Ihrem Ziel immer nur deswegen an, weil Sie selbst beschlossen haben loszufahren. Die Magie liegt im Anfang.

Ich möchte Sie mit diesem Buch mitnehmen in die Welt der Mysterien, Abenteuer und des geheimen Wissens. Ich lade Sie ein, Ihre Welt aus einer neuen Perspektive zu sehen, die Realität zu hinterfragen und sich auf völlig neue Dinge einzulassen. Ich möchte Sie motivieren und inspirieren, Sie zum Träumen anregen und Sie aufwecken.

Jede einzelne Entscheidung, die Sie bisher in Ihrem Leben getroffen haben, hat Sie zu exakt diesem Moment geführt, in dem Sie genau dieses Buch in Ihren Händen halten. Jede Kleinigkeit war dafür entscheidend. Nun fragen Sie sich vielleicht, ob das alles reiner Zufall ist. Ich glaube nicht, dass es so etwas wie Zufall gibt. Wir leben in einer kausalen Welt von Ursache und Wirkung. Für alles, was um Sie herum passiert, haben Sie irgendwann einmal eine Ursache gesetzt – die Wirkung dafür tritt meist zeitverzögert ein und manchmal auch erst dann, wenn Sie schon gar nicht mehr damit gerechnet haben. Da Sie das Buch zum jetzigen Zeitpunkt in Ihrem Leben lesen, bin ich mir fast sicher, dass es irgendeinen Hinweis oder Impuls für Sie enthält. Wenn Sie das Buch für jemanden als Geschenk gekauft haben, sind Sie vielleicht der Bote und übermitteln diesem Menschen einen Impuls. Vielleicht stehen Sie in Ihrem Leben gerade an einem Wendepunkt, müssen eine wichtige Entscheidung treffen oder Ihr Leben hat sich irgendwie festgefahren. Oder Sie sind einfach nur neugierig. Wunderbar, das alles sind perfekte Voraussetzungen für magische Momente. Denn dann sind Sie offen für neue Gedanken, aus denen neue Wege entstehen. Was würde sich wohl in Ihrem Leben verändern, wenn Sie mehr Möglichkeiten wahrnehmen würden?

Wir alle wählen den Weg, den wir gehen, doch manchmal wählt der Weg auch uns. Jeder Weg ist voll mit Weggabelungen, Abzweigungen und oft auch verführerischen Abkürzungen. Aber jeder Mensch muss seinen eigenen Weg gehen, den eben auch nur er gehen kann. Dabei hilft es, mutig zu sein, dem Unbekannten aufgeschlossen zu begegnen und das Beste daraus zu machen, wenn unerwartet eine neue Kreuzung auftaucht – sei es eine andere Person oder eine große Chance. Letztlich sind es immer die kleinen Momente, die alles im Leben verändern. Vor einigen Tagen war ich bei einem internationalen Rotarier-Club-Treffen. Einer der Mitglieder, ein Ägypter, bekam ganz große Augen, als ich mich vorstellte. Danach kam er zu mir und sagte: „You are the dream come true". Das sollte kein Kompliment sein. Stattdessen erzählte er mir, dass er als kleiner Junge immer Magier werden wollte und ich seinen Traum leben würde. Und dass er jetzt endlich wieder darüber nachdenken würde, wie er seinem Traum näherkommen könne. Das war für mich ein wirklich besonderer Moment.

Wenn ich Sie nun neugierig gemacht habe und Sie mehr über Magie, Abenteuer und darüber, wie man ein spannendes Leben oder sogar sein Traumleben führen kann, erfahren möchten, dann treffen Sie die Entscheidung umzublättern und lassen Sie uns loslegen. Ich werde Ihnen keine Gebrauchsanweisung für Ihr Leben geben und erst recht keine Zauberformeln. Was ich möchte, ist, Ihren Kopf und Ihr Herz frei zu machen für magische Möglichkeiten. Ich werde Ihnen auch ein paar Übungen mitgeben. Das sind allerdings keine Hausaufgaben, die dann irgendwer, und schon gar nicht ich, benotet. Es gibt keine falschen oder richtigen Lösungen. Alles liegt ganz bei Ihnen. Alles, was Sie tun, auch das, was Sie nicht tun, hat eine Auswirkung auf Ihr Leben. Wenn es mir gelingt, sie auf ein paar – und seien es nur ein oder zwei – neue Gedanken zu bringen, dann ist der Zauber gelungen. Ich wünsche Ihnen also gute Unterhaltung und viele magische Momente beim Lesen.

TEIL I: VORBEREITUNGEN

Im ersten Teil „VORBEREITUNGEN“ dieses Buches, werde ich Sie zunächst in meinen persönlichen Backstage-Bereich entführen und Ihnen erzählen, wie die Magie in mein Leben kam. Anschließend geht es darum, den Boden für den zweiten Teil des Buches „SHOWTIME“ zu bereiten. Bevor Sie Ihr eigenes Leben verzaubern, müssen Sie erst einmal Ihren Geist für die Magie öffnen. Daher geht es um Realitäten und ihre Unzuverlässigkeit, um Wahrnehmung und wie subjektiv sie sein kann, um rationale und völlig irrationale Ängste und vor allem um die Macht der Gedanken. Vielleicht fangen Sie dann schon an, anders zu denken, neue Perspektiven einzunehmen, sich Ihrer Ängste bewusst zu werden. Und Sie sehen klarer, mit wem Sie Ihren Weg gehen möchten und warum. Deshalb mein Tipp: Beginnen Sie mit diesem Buch am Anfang. Die Kapitel sind aufeinander aufgebaut.

BACKSTAGE – WIE DIE MAGIE IN MEIN LEBEN KAM

Magie hat mein Leben so stark geprägt, wie nichts anderes. Zum ersten Mal kam ich mit ihr in Berührung als ich gerade erst vier Jahre alt war. Es war ein schöner, warmer Sommernachmittag im Haus meiner Oma väterlicherseits. Wir saßen alle draußen auf der Terrasse bei Kaffee und Kuchen. Onkel Piefel, wie ich ihn immer nannte, war auch da. Er war ein guter Freund meines Vaters und mochte mich sehr, vielleicht weil ich so aufgeweckt und neugierig war. Also zeigte er mir, wie er seinen Daumen wegzaubern konnte. Ich war völlig gebannt. Dann zauberte er auch noch Marmelade auf einen Teller, die im nächsten Moment wieder verschwand. Ich war sprachlos. Aber ich hatte noch keine Ahnung, dass dieser Mann an diesem Tag mein Schicksal besiegelt hatte. Denn von diesem Moment an gab es kein Halten mehr für mich. Ich wollte alles über Magie lernen und andere Kinder damit genauso faszinieren, wie Onkel Piefel mich fasziniert hatte. Mein großes Glück war, dass er mir an jenem Nachmittag verriet, wie er seinen Daumen weggezaubert hatte. Ich probierte es also sofort aus und nervte damit für den Rest des Tages meine Eltern. Auch sie ahnten zu diesem Zeitpunkt noch nicht, wo das eines Tages alles hinführen würde. Sie amüsierten sich nur und dachten, ich hätte mal wieder einen neuen Spleen. Für mich aber sah die ganze Welt auf einmal anders aus – ich war auf einer Mission und verfolgte diese gleich am nächsten Tag im Kindergarten. Alle meine Freunde dort wurden Zeugen des magischen Moments, in dem mein kleiner Daumen verschwand (mehr Magie hätten meine kleinen Hände zu diesem Zeitpunkt auch noch nicht hergegeben). Mein Geheimnis habe ich damals nicht preisgegeben und bis zum heutigen Tag hüte ich alle meine magischen Geheimnisse – oft zum Ärger meiner Freunde. Doch davon lebt schließlich unsere Kunst der Magie.

Der Zauberkasten

Meine Eltern haben in den nächsten Jahren meine magische Neigung weiter beobachtet und mir dann zu meinem siebten Geburtstag einen Zauberkasten geschenkt. Bestimmt dachten sie, das hieße ja noch gar nichts, denn jedes Kind, Sie vielleicht auch, hat irgendwann einmal einen Zauberkasten bekommen, der dann seinen Weg in eine dunkle Ecke auf dem Dachboden fand und dort seit Ewigkeiten ein einsames Dasein führt. Bei mir jedoch war es anders. Ganz anders. Ich habe die Verpackung aufgerissen und mich damit in eine Ecke zurückgezogen. Oje, die Anleitungen waren ganz schön kompliziert: das Tuch in die eine Hand, das Ei in die andere, dann noch den Zauberstab dazwischen, eine magische Geste, ein Zauberspruch. Hm, auf Anhieb hat das mal nicht so geklappt wie gedacht. Ich fand ziemlich schnell heraus, dass man für diese Kunst viel üben muss und viel Disziplin braucht. Aber ich hatte ja meine Mission und konnte es kaum erwarten, den anderen Kindern, inzwischen in der ersten Klasse, zu zeigen, was ich so draufhatte! Also blieb ich am Ball. Ich probierte jeden einzelnen Trick in dem Kasten aus. Ich glaube, meinen Eltern gefiel das vor allem deshalb so gut, weil ich dadurch immer beschäftigt und somit sehr ruhig war.

Was mir damals, mit sieben Jahren, noch nicht bewusst war: Meine Mutter war schon zu diesem Zeitpunkt schwer krank. Ich konnte das nicht greifen, doch irgendwie spürte ich, dass etwas nicht stimmte. Ich fühlte mich machtlos und begann, mir mit der Zauberei eine Art heile Welt zu schaffen, in der alles in Ordnung war. Immer wenn es um mich herum zu Hause schlimm wurde, bin ich in meine Welt verschwunden. Letzten Endes hat mich das gerettet, es hat mir Hoffnung gegeben, auch wenn ich nicht genau verstehen konnte, was um mich herum passierte.

Es gab auch Zeiten, in denen es meiner Mutter besser ging, und so schenkte sie mir ein Jahr später den nächsten Zauberkasten.
Genial, noch mehr Tricks. Schon nach dem ersten Zauberkasten hatte ich meine eigene Show kreiert und bin mit sieben Jahren das erste Mal aufgetreten. Die beste Freundin meiner Mutter feierte ihren Geburtstag und jedes Kind sollte etwas vorführen. Die meisten spielten irgendein Instrument, andere wurden sicher von ihren Eltern darauf gedrillt, ein Gedicht aufzusagen. Doch dann kam ich und zog eine echte Show ab – ganz wortwörtlich. Ich trug einen magischen blauen Umhang mit goldenen Sternen und meine blonden Haare wurden von einem spitzen Zauberhut mit einem Tuch dekoriert. Ich stürmte die Bühne und begann Symbole zu nennen, an die die Zuschauer denken sollten. Schon damals ist es mir gelungen, einige der Erwachsenen zu täuschen, die keine Ahnung hatten, wie mir das gelungen war – ich hatte sie in meine Welt entführt. Jetzt war ich natürlich so richtig motiviert.

Während meiner gesamten Schulzeit habe ich mich mit der Zauberei beschäftigt. Ich studierte die Geschichte der Zauberkunst, analysierte moderne Magier und probierte so ziemlich alles aus, was es auf dem Gebiet des magischen Entertainments gibt. Jeder an der Schule wusste, dass ich „die Zauberin“ bin. Da ich an einer Waldorfschule war, konnte ich mich kreativ so richtig austoben und präsentierte mit 14 natürlich auch meine Jahresarbeit zum Thema „Illusion zwischen Faust und Copperfield“ mit einer magischen Performance. Monatelang danach sprachen mich noch andere Eltern auf die Show an. Irgendwie hatte ich es wohl wieder geschafft, die Türe zu meiner magischen Welt zu öffnen.
Die Krankheit meiner Mutter aber wurde von Jahr zu Jahr schlimmer und ich zog mich regelmäßig in meine Welt zurück. Langsam begann ich auch die Zusammenhänge zu verstehen und machte, was jedes Kind machen würde: Ich versuchte sie zu retten. Dabei ließ ich nichts aus, ich war schließlich Magierin und irgendwo auf

der Welt sollte es doch etwas geben, was meine heile Zauberwelt auf die Realität übertragen könnte. Ich glaubte fest daran.
Inzwischen war ich 15 Jahr alt und erhielt Zutritt zum magischen Zirkel, einem Zusammenschluss von Profizauberern und Amateurkünstlern. Nun ist es nicht gerade einfach, dort als Mitglied aufgenommen zu werden. Man muss eine aufwendige Aufnahmeprüfung ablegen, die aus einem theoretischen, einem praktischen Teil und schließlich einer Kür besteht. Alles wird von einer dreiköpfigen Jury genau bewertet. Von allen Teilnehmern, die an jenem Tag die Prüfung abgelegt haben (alles Männer), erreichte ich die höchste Punktzahl. Dies verschaffte mir Zutritt zu unbegrenzten Geheimnissen, die in der magischen Bibliothek und Videothek auf mich warteten. Außerdem bekam ich so natürlich auch Kontakt zu all den anderen Zauberkollegen und die Erlaubnis, an den internen Meetings teilzunehmen, bei denen die am besten gehüteten Zaubergeheimnisse von Copperfield & Co. diskutiert wurden. Als Teenager war das schon ein besonders tolles Gefühl, sozusagen Teil eines Geheimbundes zu sein.

Zauberhafte Entwicklung

Mit den Jahren begann ich meine eigenen Effekte und Geschichten zu kreieren. Ich fand meine Bühnenpersönlichkeit und passte alles daran an. Ich wollte, dass die Zuschauer die Magie spürten. Je mehr ich lernte, desto klarer wurde mir, dass Magie und Zauberei endlos sind – es gibt unendlich viele Kombinationsmöglichkeiten, Requisiten, Zauberbücher und Illusionen aus aller Welt. Schnell realisierte ich, dass Begrenzungen nur in meinem Kopf, meinem Vorstellungsvermögen waren – eine fantastische Einsicht. Ich begriff: Alles ist möglich, wenn ich es will. Ich kann Dinge schweben lassen, Autos erscheinen lassen, Menschen weg zaubern, Gegenstände nur mit meinen Gedanken bewegen, Objekte verschwinden lassen und diese an unmöglichen Orten wieder auftauchen lassen. Ich kann unglaubliche Fingerfertigkeiten demonstrieren, die Gedanken anderer Menschen lesen, die Zukunft vorhersagen, die Zeit anhalten und alles tun, was mir im nächsten Moment einfällt. Was für ein Potenzial! Doch noch viel wichtiger: Ich habe „die Macht", das Leben eines Menschen zu verändern, indem ich seinen Geist öffne oder ihm auch nur eine Erinnerung schenke, die er sein ganzes Leben nicht mehr vergessen wird. Weil ich seine Welt aus den Angeln gehoben habe und ihm etwas gezeigt habe, was er, aufgrund unserer physikalischen Gesetze, nicht für möglich gehalten hätte. So wird er vielleicht eines Tages seinen Urenkeln davon erzählen – von dem Moment, in dem er die Magie spüren konnte.

Da mein Vater Schuldirektor war, war es wohl „angemessen" für mich, nach dem Abitur erst mal etwas „Richtiges" zu studieren. Denn welcher Schuldirektor möchte eine Tochter, die so etwas Wildes wie „Zauberkünstlerin" ist? Zum damaligen Zeitpunkt hätte ich zugegebenermaßen auch selbst viel zu viel Angst gehabt, diesen Schritt zu wagen. Doch immerhin, bevor ich mich in diese einengende Welt begab, ging es für mich erst einmal nach San Diego, USA, zu einem Praktikum in Verbindung mit einem Sprachkurs. Am letzten Schultag dort ließ ich zufällig die Bemerkung fallen, dass ich Zauberkünstlerin sei. Sofort waren alle sehr interessiert und wollten unbedingt, dass ich bei der Abschlussfeier auftrete. Ich hatte aber keinerlei Requisiten dabei. Also flitzte ich in den Supermarkt an der Ecke, kaufte eine Zeitung, ein paar Luftballons und ein Deck Spielkarten. 30 Minuten später stand ich vor der gesamten Schule mit Direktor & Co. auf der Bühne und erntete jede Menge Begeisterung und Beifall! Damals wurde mir übrigens auch bewusst, dass die Amerikaner noch viel mehr für Zauberei übrighatten und haben als die Deutschen. Wahrscheinlich daher auch meine Liebe für das Land. Eigentlich war dieser Auftritt schon ein eindeutiges Zeichen dafür, wo mein Ziel wirklich hingehen sollte. Doch ich war damals noch viel zu sehr in meinen Strukturen, den Erwartungen meiner Eltern und einer schwierigen Beziehung gefangen, als dass ich einfach „gesprungen" wäre.

Ortswechsel
Also ging es zurück nach Deutschland um zu studieren. Ein paar Jahre später schloss ich mit der Prüfung zur Diplom-Betriebswirtin (BA), Schwerpunkt Medien und Kommunikation ab. So viel (durchaus auch für meine spätere Selbstständigkeit wichtige) Theorie in diesem Studium enthalten war, ich kam dadurch auch mit dem Thema „Filmen" in Kontakt und das war Liebe bei der ersten Berührung. In mir begann sich ein großer Traum seinen Weg an die Oberfläche zu bahnen: Könnte ich es nicht schaffen, Magie und Film auf eine einzigartige Weise zu kombinieren, die Menschen fasziniert und motiviert und sie dazu bringt, die Magie in ihrem eigenen Leben zuzulassen? Ich wollte tiefer in diese Materie abtauchen und begann mit der Recherche zu einem passenden Anschlussstudium. Das fand ich an der Hochschule der Medien. Auch mein Vater gab grünes Licht, denn so würde ich nun auch noch einen höheren akademischen Grad erreichen, was nach außen gut wirken würde. Mir ging es natürlich weniger um den Zettel und die Außenwirkung als vielmehr um das Wissen, das ich für meine eigene Zukunftsvision erwerben würde.
Ich habe dieses Studium geliebt: Wer hat schon Vorlesungen im Kinosaal? Ich machte mir Notizen ohne Ende. Und die Vorlesungen waren durch die Filmelemente so spannend, dass ich es kaum abwarten konnte, bis eine Woche vergangen war und ich wusste, wie das Thema weiterging! Ich lernte alles über Filmmusik, Storytelling, Dramaturgie, Charakter Entwicklung, Schauspielkunst, Filmsets, Kameratechnik, Animation und und und. Wow – das war wie eine Zauberwelt, die sich weit über die Grenzen der Bühne erstreckte, und ich war mittendrin. Wieder wurde mir bewusst: Alles ist möglich!
Am allermeisten faszinierte mich der Bereich der Regie, auf den ich auch meinen Schwerpunkt legte. Denn hier laufen alle Fäden zusammen, genau wie beim Magier: Technische und kreative Bereiche werden hier fusioniert und man hat die Kontrolle über alles, was passiert. Jede Entscheidung beeinflusst das Gesamtergebnis.

So wurden natürlich auch meine Zaubershows immer besser, denn ich konnte mein ganzes Filmwissen einfließen lassen. Ich führte die Regie bei unserem Abschlussfilm und schlug dem ganzen Team von damals 23 Leuten vor, nachts in einer Location zu drehen, die so groß und besonders war, dass mir alle erklärten, dass klappe nie und sei „unmöglich"! Das war natürlich mein Stichwort! Schließlich überzeugte ich alle, dass wir genau dort drehen müssten (aus guten Gründen halte ich hier geheim, um welchen Ort es sich gehandelt hat). Ich hatte mir eine sogenannte Plansequenz in den Kopf gesetzt (so nennt man eine Filmszene, bei der es keinen Filmschnitt gibt, sondern die Kamera alles erfasst, ohne abzusetzen). Das gibt einen tollen Effekt, aber natürlich ist auch klar: Wenn dabei irgendetwas schiefläuft, muss man jedes Mal komplett von vorne beginnen. Natürlich mussten dafür bei unserem Dreh Filmschienen gelegt werden, die dann mit dem Kameradolly abgefahren wurden. Für ein professionelles Filmteam wäre das alles eine Kleinigkeit gewesen, doch wir waren Studenten und verfügten nicht über den nötigen Erfahrungsschatz. Die Anspannung war riesig, denn bis morgens um sieben mussten wir raus sein. Ein Kamerawackler mittendrin bedeutete: Alles auf Anfang. Die Schauspielerin hatte den Text vergessen, zurück auf Anfang. Ich blieb ruhig. Am Ende hatten wir die ganze Szene perfekt im Kasten, die schließlich das Herzstück des ganzen Films wurde. Ich hatte es geschafft. Ich hatte das Unmögliche möglich gemacht und alle waren froh, dass ich sie dazu ermutigt hatte. Das hat mich die Magie gelehrt: Du musst an dich und deine Sache glauben. Dann kann dich nichts und niemand aufhalten. Mehr dazu auch im Kapitel Hokus Fokus.

Geheimort: Magic Castle

Während meines Studiums habe ich bereits als Regieassistentin am Filmset und im TV-Studio gearbeitet. Kaum hatte ich meine Master-Urkunde in der Hand, ging es für mich wieder in die USA. Diesmal Zielort: Los Angeles, Hollywood. Ich wollte unbedingt in die

Welt der Stars und Sternchen und die Magie des Ortes spüren, an dem all die ganz großen Blockbuster entstehen, die die Welt bewegen. Ich machte dort ein Praktikum bei einer Filmproduktionsfirma und hatte so die Chance, hinter die Kulissen der Traumfabrik zu schauen und viele Drehbücher zu lesen und zu bewerten. Es war eine aufregende Zeit und ich wäre am liebsten dort geblieben.

Vor den Hollywood Hills liegt das weltberühmte „Magic Castle" – ein mystischer Ort, der mich von Anfang an magisch anzog. Es ist ein Zauberschlösschen, in das man nur mit den magischen Worten „Sesam öffne dich" gelangt. Dann öffnet sich eine Bücherwand und man steht mitten in einem Salon, der wie aus einer anderen Epoche aussieht. Das „Magic Castle" ist eine Art Privatclub, in dem Zauberer aller Welt ein und aus gehen. Wirklich Zauberbegeisterte können sich einen Zugang erkaufen, indem sie die magische Kunst finanziell unterstützen. So trifft man an diesem Ort allerlei interessante Persönlichkeiten – entweder beim magischen Brunch oder einem sehr hochkarätigen Dinner, selbstverständlich kombiniert mit magischem Entertainment. In Los Angeles gewinnt man gleich an Ansehen, wenn man sagen kann, man habe Zugang zu jenem magischen Ort. Das Magic Castle war für mich also eine großartige Inspirationsquelle und Ort vieler magischer Momente.

Doch auch ein anderer Ort schenkte mir seine besondere Magie: Der Fundus der Universal Studios. Das ist ein Ort, den man mit Worten kaum beschreiben kann. Man findet dort Millionen von unterschiedlichsten Gegenständen auf unzähligen Etagen, alles sorgfältig sortiert. Von Eheringen über Lampen aus allen Zeitepochen, über Kerzenleuchter, Kleider bis hin zu jeglichem Einrichtungsgegenstand, den man sich nur vorstellen kann. Mir kam dabei ein interessanter Gedanke: Das alles erschien mir wie ein riesiger Bestellkatalog des Universums für Filmemacher. Der Regisseur eines Filmes kann hier durchlaufen und einfach nach Lust und Laune aussuchen, was er gerne in seinem Film hätte. Jeden kleinen Blumentopf kann er festlegen (sofern es sein Budget zulässt, was in Hollywood jedoch meist kein so großes Problem darstellt).

Als ich all das sah, dachte ich mir plötzlich: Was hält uns davon ab, unser eigenes Leben genau wie ein Filmset mit all dem, was wir wirklich haben wollen, auszustatten? Warum machen wir immer Kompromisse? Warum konzentrieren wir uns immer auf die Dinge, die wir nicht haben wollen, auf das, was wir loswerden wollen, anstatt auf die Dinge, die uns wirklich mit Freude erfüllen oder uns so richtig gefallen? Genau genommen ist doch die ganze Welt wie dieser riesige Bestellkatalog und Sie suchen sich ständig etwas aus. Allerdings ist das Grundproblem der meisten Menschen, dass sie eigentlich gar nicht genau wissen, was sie wollen und wie ihr ideales Leben aussehen könnte. Deswegen statten sie ihr persönliches Filmset oft mit so vielen Dingen, Menschen und Vorstellungen aus, die gar nicht zu ihnen passen oder ihnen auf ihrem magischen Weg eher hinderlich sind. Vielleicht wäre es besser, sich erst einmal Gedanken über das Drehbuch des Lebens zu machen und sich dann, wenn alles kristallklar ist, mit der Umsetzung und der notwendigen Ausstattung zu befassen.

Kleiner Einwurf: Entscheidungen

Wenn Sie in einem Café sitzen, bestellen Sie sich, zumindest heutzutage, selten einfach einen Kaffee. Sie müssen dann schon genau festlegen, ob Sie einen Cappuccino, einen Milchkaffee, einen Eiskaffee, einen Mokka, einen Espresso, einen Latte Macchiato oder einen türkischen Kaffee möchten. Wahrscheinlich müssen Sie dann auch noch entscheiden, ob Sie weißen oder braunen Zucker wünschen, Süßstoff, normale Milch, fettreduzierte Milch oder gar Sojamilch. All diese Entscheidungen treffen Sie für sich. Warum also nicht auch die Entscheidung, ein Leben zu leben, das Sie wirklich glücklich macht? Schließlich rufen Sie doch auch nicht abends beim Pizzaservice an, um sich eine Pizza zu bestellen, nur um drei Minuten später wieder anzurufen, um die Pizza abzubestellen, und vielleicht weitere zehn Minuten später erneut, um sich dann eine Pasta oder vielleicht doch lieber einen Salat zu bestellen. Wie sollte das Universum (oder was auch immer für Sie an diese Stelle passt) bei diesem Chaos wissen, was genau Sie eigentlich möchten? Das ist nun sehr vereinfacht ausgedrückt, doch ich denke, Sie verstehen, was ich meine. Machen Sie sich Ihre eigenen Gedanken dazu und treffen Sie bewusste Entscheidungen darüber, was oder wen Sie in ihrem Leben und für Ihr Leben haben möchten.

Wie soll es weitergehen?

Zurück zu meiner Geschichte: als ich wieder in Deutschland war, machte ich mir Gedanken, was mein nächster Schritt sein könnte. Am liebsten wäre ich zurück in die USA, was jedoch durch die Visumsanforderungen alles andere als einfach war. Also entwarf ich einen Plan B.

Ich zog nach München, um bei einem großen deutschen TV-Sender in der internationalen Koproduktion tätig zu werden. So hatte ich wenigstens noch ein bisschen Kontakt zum Land der unbegrenzten Möglichkeiten, da ich bei meinem Praktikum die Ehre hatte, täglich den Briefkasten zu leeren, in dem immer wieder Drehbücher aus Los Angeles landeten. Ich nahm aus dieser Zeit viel an Wissen mit, hatte supernette Kollegen und neue spannende Einblicke in die TV- und Filmwelt. Doch so richtig befriedigend war die Arbeit nicht. Täglich acht Stunden am Schreibtisch, routinierte Abläufe, essen in der Kantine, früh aufstehen (ich bin ein totaler Nachtmensch), mit einer Masse an Menschen morgens hin- und abends wieder zurückfahren. Ich hatte sogar schon angefangen, einfach jeden Morgen einen Parallelweg zu laufen, nur um nicht mit der Masse mitschwimmen zu müssen, weil sich etwas in mir sträubte. Ich fragte mich ernsthaft, ob das nun alles war? Würde mein Lebens so aussehen? Dass die Übernahme- und Aufstiegschancen im Sender sehr schlecht waren, hatte man mir ehrlicherweise schon beim Vorstellungsgespräch mitgeteilt. Doch ich wollte auf alle Fälle mehr, wollte etwas bewegen, etwas verändern. Nur hatte ich noch überhaupt keine Ahnung, wie ich das anstellen sollte. Ich war in allem sehr eingeengt, das Praktikantengehalt ließ keine großen Sprünge zu. Selbstverständlich zauberte ich immer nebenher, meist am Wochenende. Es kam auch vor, dass ich für einen Auftritt nachmittags irgendwo hinflog und dann abends wieder zurück, um am nächsten Morgen im Büro am Schreibtisch zu sitzen. Das wurde mit der Zeit ganz schön anstrengend. Dazu kamen die Herausforderungen in einer Stadt, in der ich mich damals nicht auskannte, und eine Fernbeziehung. Irgendwie lief es nicht rund. Doch es sollte noch viel schlimmer kommen.

Was mir allerdings an meinem Praktikum gefiel, war die Möglichkeit, an allerlei Weiterbildungen, Vorträgen und Seminaren im Haus teilzunehmen. Ich nahm alles mit, was ging, da ich weiterhin meinen Horizont erweitern wollte. Ich weiß noch, eines Tages war ich bei einem sehr spannenden Seminar, bei dem es darum ging, die eigene Persönlichkeit und die eigenen besonderen Talente zu durchleuchten. Sie können sich denken, wie das bei mir ausging: Sehr kreativ, Ideen generierend. Ich erwähnte meine Zauberei und die Trainerin und die anderen Teilnehmer meinten spontan: „Hey, warum machst du nicht das hauptberuflich?" Ich bekam fast schon Panik bei der Vorstellung, weil in meinem Kopf sämtliche Horrorszenarien und die klassischen Fragen abliefen, wie: Was würden meine Eltern denken? Da studiere ich jahrelang, um dann so etwas wie Künstlerin zu werden? Wie soll ich denn davon leben können? Dann diese ganze Anspannung, regelmäßig auf der Bühne zu stehen, schaffe ich so etwas überhaupt? Und der Film? Ich wollte doch Filme machen, die Menschen bewegen und inspirieren. Nein, jetzt komplett umzudenken, das ging auf gar keinen Fall. Besser, schön in den festen Strukturen bleiben und das Ansehen wahren. Ich bin mir sicher, viele von Ihnen können das gut verstehen und haben in ähnlichen Situationen genauso gedacht. Bei mir begann dieser Gedanke an eine wortwörtlich zauberhafte Zukunft allerdings immer öfter sein Unwesen zu treiben, er war in mein Unterbewusstsein gelangt. Selbstständigkeit, Freiheit, die Welt bereisen, sein eigener Chef sein, eigene Ideen umsetzen, für sich selbst arbeiten, seinen Traum leben, wirklich etwas bewegen, ausgetretene Pfade verlassen – alles könnte passieren. Ach was, das waren doch alles Hirngespinste – oder vielleicht doch nicht?

Wenn die Magie versagt …

Während ich so überlegte und gleichzeitig meinem Alltagstrott folgte, schlug das Schicksal zu. Meine Mutter feierte ihren 60. Geburtstag im September. Alle waren da. Doch kurz darauf kam sie ins Krankenhaus. Ich hatte kein gutes Gefühl. Dann ging es ihr wieder etwas besser. In mir herrschte großes Chaos und Anspannung – es war schwierig, die Balance zu finden. Es wurde Dezember und Weihnachten rückte näher – jede Menge Zauberauftritte und meine Mutter lag immer noch im Krankenhaus. Sie hatte sich dort eine Lungenentzündung geholt und lag auf der Intensivstation. Zwei Wochen lag sie im Koma, bevor sie wieder aufwachte. Endlich konnte ich sie besuchen. Während mein Vater und meine Schwester damals fast die ganze Zeit bei ihr waren, konnte ich sie nur ab und zu besuchen, denn ich saß ja mehr oder weniger in einer anderen Stadt fest. An jenem Nachmittag war ich alleine bei ihr im Krankenhaus. Ganz schlimm war, dass sie kaum noch sprechen konnte. Sie lag dort an 17 Schläuchen angeschlossen – ein fürchterlicher Anblick. Meine Mama, zu der ich immer so eine gute Verbindung hatte und die immer unendlich stolz auf mich war. Jetzt lag sie dort. Ich fühlte mich so machtlos. Sie schaute mich an, nahm zitternd meine Hand und flüsterte mir zu „Ich schaff´s nicht mehr“. Mir blieb fast das Herz stehen – ich war all dem Schmerz und dieser übermenschlichen Verlustangst nicht gewachsen. Am liebsten wäre ich einfach rückwärts umgefallen, um mich neben sie zu legen. Es war einfach grauenhaft. Ich konnte nicht klar denken. Ich blieb einfach bei ihr, sprach von schönen Dingen. Ich erzählte ihr davon, dass ich überlegte, mehr aus meiner Magie zu machen, und alle meine Gedanken dazu. Als ich schließlich ging, lächelte sie mich an und winkte mir zu – ich werde diesen Moment nie vergessen. Ich wusste genau, dass es das letzte Mal war, dass ich sie lebend sah, auch wenn mein Verstand die tollsten Illusionen erfand, um mich vor dieser Wahrheit zu schützen.

… ist trotzdem alles offen

Als ich den sterilen Krankenhausflur hinunterlief, wurde mir eine Sache glasklar: Wenn du hier liegst, an so vielen Schläuchen angeschlossen, nicht mehr sprechen kannst und weißt, der Moment, in dem du die Welt verlässt, ist jetzt gekommen, dann denkst du nicht: oh, wäre ich damals bloß dieses Risiko nicht eingegangen, hätte ich nur meine wahren Gefühle nicht zugegeben, hätte ich dies und jenes lieber nicht ausprobiert, hätte ich besser mal mehr gearbeitet: NEIN, das denkst du bestimmt nicht. Und plötzlich war mir klar, dass genau jetzt der Moment gekommen war, in dem ich mich meiner Angst stellen und einfach springen musste. Ich musste alles wagen, egal, was der Rest der Welt dazu sagen würde. Ich musste mich ganz und gar entscheiden, professionelle Zauberkünstlerin zu werden.

Meine Mutter konnte ich nicht retten, ihre Krankheit war zu stark. Hier stieß ich an eine natürliche Grenze dessen, was möglich ist. Aber mir blieb offen, wie ich auf diesen Verlust reagieren würde. Vielleicht würde es mir ja mit meiner Kunst, in Kombination mit dem Medium Film, gelingen, andere Menschen auf ihren Weg zu bringen, sie daran zu erinnern, dass alles möglich ist, dass sie ein außergewöhnliches Leben leben können. Ihnen zu vermitteln, dass sie den Mut haben, ihre Träume zu leben, und aufhören zu zögern und ihr Leben lang auf den „richtigen Moment“ zu warten. So stand meine Entscheidung fest. Nur weil ich diese Entscheidung getroffen habe, lesen Sie jetzt in diesem Moment dieses Buch – sonst wäre ich nie Magierin geworden und hätte dies alles nie geschrieben, sondern einfach weiter ein „normales Leben“ gelebt. Und dann wäre ich vielleicht irgendwann einer Magierin begegnet, die mir klargemacht hätte, dass sie meinen Traum lebt.

Das Abenteuer kann beginnen

Ich beendete das Praktikum und begann gleich danach mir meine Träume zu erfüllen: Ich flog nach New York, weil ich diese Stadt schon immer sehen wollte. Ich nutzte diese Zeit, um mich neu zu sortieren und mir zu überlegen, wie mein künftiges Lebens als Profi-Magierin aussehen würde und was die nächsten Schritte wären. Zu diesem Zeitpunkt hatte ich noch nicht die geringste Ahnung, wie viele Abenteuer auf mich warteten und wie vielen aufregenden Menschen ich begegnen würde. Mein Vater sagt immer „Die Welt hat so viel zu bieten“. Das ist mehr als wahr, wenn Sie bereit sind, sich auf Ihr eigenes Abenteuer einzulassen. Dann steht es in den Sternen, wo Sie vielleicht in vier Wochen morgens aufwachen (und neben wem). Aber Sie müssen ihr Abenteuer beginnen. Und, wie wir wissen, beginnt auch eine Reise von 1000 Meilen mit dem ersten Schritt.

Kapitel Eins
Die Magie des Anfangens

Was immer du tun kannst oder erträumst zu können, beginne es. Kühnheit besitzt Genie, Macht und magische Kraft. Beginne es jetzt.

(Johann Wolfgang von Goethe)

Tatsächlich haben Neuanfänge etwas Magisches, das haben Sie bestimmt auch schon erlebt. Oder finden Sie, sie haben eher etwas Furchteinflößendes? Aber das ist doch normal, wenn Sie sich auf ungesichertes Terrain begeben. Und es ist auch ungeheuer aufregend.

Ich jedenfalls machte erst einmal in einem Zaubershop in New York Großeinkauf. Dabei wurde mir schnell klar, dass es jetzt nicht mehr um mein geliebtes Hobby ging, sondern ich die richtigen Entscheidungen treffen musste, um alles in professionelle Bahnen zu lenken. Ich begann größer zu denken und war offen für viele Impulse aus der Außenwelt. Ich ging mit wirklich offenen Augen durch die Welt, war bereit, alles Neue in mich aufzusaugen und zu wachsen, um für das „neue Leben" gewappnet zu sein.

Zufällige Begegnungen und magische Zeichen

Zurück in München stieß ich „zufällig" auf die Werbung für ein Filmfestival, das „Cosmic Cine" hieß. Aus Neugier, und da ich mir ja jetzt meine Zeit selbst einteilen konnte, schaute ich dort vorbei. Irgendwie hat es mich magisch angezogen und ich folgte diesem spontanen Impuls. Sie zeigten viele spannende Filme und ich entdeckte, dass man auch Karten für die Abschlussgala kaufen konnte. „Genial", dachte ich, „endlich wieder ein bisschen Hollywood-Feeling!"

Also schlenderte ich über den roten Teppich, einfach nur getrieben von Neugier, ohne jegliche Erwartungen. Ich saß im Kinosaal, es wurde dunkel. Die Gala begann mit einem Live Entertainment Act, dann ging es um all die Filme, die am Festival teilgenommen hatten. Einer davon, „Finde Dich", berührte mich ganz besonders und schob mich letztendlich weiter auf meinen Weg: Es ging darin um die sogenannte Heldenreise. Sie liegt jedem Film und jedem Märchen zugrunde, doch sie lässt sich auch auf unser Leben übertragen. Wir begeben uns immer wieder auf eine Reise ins Unbekannte, gewinnen neue Erkenntnisse, stellen uns neuen Herausforderungen, um dann gereifter in unsere „alte Welt" zurückzukehren. Das ist auch der Kreis, den jeder Held, jede Heldin in jeder Geschichte durchläuft. Ich sah nur den Trailer dieses einen Films, und wusste sofort: Den muss ich sehen. Passenderweise hatte er übrigens den Untertitel „Mach Dich bereit, das Leben zu leben, das auf Dich wartet". Die Gala nahm ihren Lauf, ging über zwei Stunden, doch ich saß noch immer gebannt in meinem Kinosessel und hatte die verrücktesten Gedanken im Kopf: „Irgendwie fühlt sich das hier gut an. Könnte ich nicht Teil des Ganzen werden? Aber wo anfangen? Ist doch Quatsch, ich kenne hier keinen Menschen ... . Und bestimmt haben die jetzt ausgerechnet auf mich gewartet. Aber hey, wahrscheinlich kann von denen niemand zaubern!" Am Ende der Gala kündigte das Moderationsduo Dunja & Maik an, sie würden jetzt noch etwas Frühling verteilen (es war gerade April). Dann traute ich meinen Augen nicht, als sie unendlich viele Kisten voller Sonnenblumen anschleppten. Jetzt fragen Sie sich sicher, warum mich das so berührte. Nun, generell sind Sonnenblumen im April nicht gerade Standard, aber viel entscheidender für mich: Sonnenblumen waren die absoluten Lieblingsblumen meiner Mama! Jeder Gast bekam eine Blume und ganz zum Schluss war eine übergroße Sonnenblume auf der Leinwand zu sehen! Sonst nichts. Ich will hier nicht dafür plädieren, dass es ein Leben nach dem Tod gibt. Es gibt dafür keine Beweise, weder dass es eines gibt noch dass es keines gibt.

Deshalb lasse ich das einfach so stehen. Doch wie Sie sich denken können, haben sich diese Sonnenblumen, genau zu diesem Zeitpunkt, für mich, einfach nur für mich persönlich, wie ein riesiges Zeichen angefühlt. Ich war auf dem richtigen Weg.

Geheimnisvolle Zeichensprache

Ich bin sicher, in Ihrem Leben gibt es auch diese Art von magischen Zeichen, wenn Sie auf dem richtigen Weg sind. Eben Zeichen, die nur Sie verstehen, die nur für Sie gedacht sind. Schauen Sie mal genauer hin und lassen Sie sich überraschen, was alles passiert. Was haben Sie zu verlieren? Wenn Sie allerdings nicht offen sind, werden Sie an all diesen Zeichen vorbeilaufen. Das ist vielleicht nicht schlimm, aber es macht es der Magie schwer, in Ihr Leben zu kommen.
Am Tag dieser der Gala verließ ich also mit meiner großen Sonnenblume in der Hand und irgendwie verzaubert den Kinosaal. Ich dachte, ich müsse nun unbedingt sofort irgendetwas tun, wusste jedoch nicht was. Ich stand draußen im Foyer und da lief Dunja, die Veranstalterin, direkt an mir vorbei. Ich wollte ansetzen und ihr sagen: „Hey ich bin Zauberkünstlerin, kann ich nicht mal mit Euch arbeiten?“ Aber was würde sie von diesem spontanen Überfall denken? Nein, irgendwie war jetzt nicht der richtige Zeitpunkt dafür. Noch nicht. Dazu übrigens später mehr im Kapitel „Zeit“. Schon war es auch zu spät, denn ihre Eltern steuerten zielgerichtet auf sie zu. Ich machte kehrt und nahm den DVD-Verkaufsstand ins Visier, denn ich musste den Film „Finde Dich“ einfach haben. Er liegt bis zum heutigen Tag auf meinem Schreibtisch, weil er mich immer wieder daran erinnert, wie alles angefangen hat. Meine eigene Heldenreise. Ich musste ihn damals auch unbedingt meinem Vater zeigen, denn ich war sicher, dann würde er mich besser verstehen und verstehen, was ich vorhatte. Tatsächlich war er auch tief beeindruckt von dem Film, und der Idee, dass wir alle der Held in unserem eigenen Leben werden können. Doch leider fand er meine Idee, als Profi-Zauberin zu leben, immer noch nicht ganz so wun-

derbar wie ich. Er war immer noch überzeugt, dass es sei doch viel besser, ich hätte einen sicheren Job und geregelte Verhältnisse. Nun gut, damit musste ich leben. Er würde es eines Tages doch noch verstehen. Da ich gerade meine Mutter verloren hatte, stand ich wahrscheinlich zumindest ein bisschen unter "Artenschutz", weil er sich sicher dachte: „Na gut, soll sie das eben jetzt mal ausprobieren, sie kann ja dann immer noch was "Richtiges" machen." Haha, wenn er damals gewusst hätte, dass ich gerade erst so richtig loslegte! Also gut, manchmal sind Illusionen für andere dann doch gut, zumindest temporär. Und es kann einen Vorteil sein, sich nicht gleich in die Karten schauen zu lassen.

Wer fragt, gewinnt

Einige Monate später stolperte ich über die Lesezeichen in meinem Browser noch mal über das Filmfestival „Cosmic Cine". Bestimmt kennen Sie das: Sie überlegen, ob Sie irgendwo anrufen sollten oder lieber doch nicht oder ob dafür wohl jetzt gerade der richtige Moment wäre? Vielleicht besser nach der Mittagspause? Hm, Montag ist schlecht, so direkt nach dem Wochenende. Freitag auch, vor dem Wochenende. Und so geht das munter fort Diesen Dialog können Sie ewig so weiterführen. Aber ich dachte irgendwann: „Okay, ich nehme jetzt einfach den Hörer in die Hand und rufe da sofort an."

Dunja war direkt selbst am Telefon und erzählte mir später, ich hätte genau den richtigen Zeitpunkt erwischt, da sie gerade aus der Badewanne gekommen und völlig entspannt war. Ich erzählte ihr von meiner Idee, die Festivalgäste im Foyer zu verzaubern, bevor sie den Kinosaal betreten. Ich schlug vor, persönlich vorbeizukommen, damit wir uns kennenlernen könnten. Ich überzeugte sie von einem Treffen und im Nachhinein war mir klar: Das war doch gar nicht so schwer.

Noch bevor wir uns persönlich trafen, hatte ich eines Nachts dann noch eine ganz wilde Idee. Ich dachte mir: „Warum nicht größer denken und noch einen Schritt weitergehen, indem ich die Magie auf die Kinoleinwand bringe, sodass sie alle sehen können?" Beim

„Cosmic Cine“ Filmfestival gibt es jedes Jahr ein Motto und in jenem Jahr war es „Build a bridge“ – Baue eine Brücke. Sofort hatte ich das Bild von Venedig im Kopf, denn hier gibt es bekanntlich unzählige Brücken. Und Venedig ist sowieso ein mystischer Ort. Schon wieder hatte ich keine Ahnung, wie ich das anfangen oder gar finanzieren sollte oder wo die Crew herkommen sollte. Aber ich hatte die Idee. Das war das Entscheidende.

Wer spinnt, kann zaubern

Ich besuchte Dunja und Maik zu Hause in Frankfurt am Main und verzauberte sie dort persönlich mit ein paar meiner Tricks. Wir verstanden uns sofort supergut und Dunja sagte zu mir: „Wenn es so etwas wie Magier wirklich geben würde, dann würden sie so aussehen wie du.“ Das war ein fantastisches Kompliment. Wir redeten über Magie, Filme, das Leben. Schließlich rückte ich damit raus: „Hey, ihr zwei, ich habe da so eine Idee!“ Die beiden waren absolut nicht abgeneigt, fanden den Gedanken sogar spannend und ich war froh, dass ich mutig genug gewesen war, den Vorschlag einfach zu machen.
Hoch motiviert verließ ich die beiden und machte mich an die Planung. Von diesem Moment an fügte sich alles wie von alleine zusammen – es erschien mir wie echte Magie. Ich wusste einfach ganz genau, wo ich hinwollte und wie alles aussehen sollte. Der Rest fand seinen Weg zu mir. Eine Woche später hatte ich eine E-Mail von Dunja im Postfach, in der sie schrieb, sie hätten spontan entschieden, mit zum Drch nach Venedig zu kommen. Ich konnte mein Glück kaum fassen. Auf einem Seminar lernte ich dann noch Claus kennen, einen super sympathischen Typen, der kurz entschlossen Lust auf ein Reise-Abenteuer hatte und sich entschied, ebenfalls mitzukommen. Meine gute Freundin Silke konnte ich sofort als Fahrerin und Assistentin gewinnen und als zweite Kamerafrau begleitete uns Anna. Es kamen die passenden Zaubeaufträge rein und die Finanzierung war auch gesichert. Nun lief die Zeit, denn es war Februar und das Festival fand wieder im April statt. Bis dahin musste ein fertiger Film

Magisches Venedig

Ein unglaubliches Abenteuer begann. Wir starteten mit zwei Autos von München aus. Vollgeladen mit Film- und Zauberequipment. Als wir alle gemeinsam bei unserer Ankunft in der Dämmerung auf der Fähre nach Venedig standen, gab es einen für mich besonders magischen Moment. Plötzlich gingen rechts und links des Wassers alle Lichter gleichzeitig an. Das sah unglaublich magisch aus. Sofort hatte ich die Idee, dass ich doch in unserem Film alle Lichter „an-zaubern" könnte. Ich merkte mir also die ungefähre Zeit und weihte die anderen ein. Am nächsten Tag liefen alle Dreharbeiten prima. Die Menschen vor Ort waren neugierig und bereit, sich auf die magischen Effekte vor der Kamera einzulassen. So konnten wir echte Reaktionen von echten Menschen vor Ort einfangen, nichts war gescripted. Wir sammelten jede Menge toller Aufnahmen von einem verzauberten und mystischen Venedig. Am Abend war es so weit: Ich stellte mich auf eine Brücke, von der aus man all die Laternen im Hintergrund sehen konnte, die zu diesem Zeitpunkt noch ausgeschaltet waren.

Ich stand also dort, mit einer magischen Glühbirne in der Hand, die als Erste angehen sollte und von der aus ich per Fingerschnippen schließlich alle Lichter in ganz Venedig anzaubern würde. Genauso sieht es dann auch im Film aus. Sie als Leser wissen nun, was wirklich passierte: In der Realität stand ich dort einige Minuten und habe unaufhörlich mit dem Finger geschnippt, um genau den Moment zu erwischen, in dem alle Lichter angingen. Dunja hat mich immer wieder motiviert, sonst hätte ich wahrscheinlich kurz vorher aufgegeben. Doch es gab nur diese eine Chance. So ist nun diese besondere Szene im Venedig-Film gelandet. Wenn Sie neugierig sind, können Sie das Kunstwerk auf meiner Website oder auf Youtube anschauen – lassen Sie sich verzaubern.

Einen Monat später, präsentierten wir den fertigen Film auf der großen Kinoleinwand am Ende der Awardgala als Ankündigung für das „Cosmic Cine" im nächsten Jahr. Ich war unglaublich stolz, dass ich das nächste Motto mit inspiriert hatte, das hieß „Wunder des Lebens – Magic of Life“. Es war unbeschreiblich, die Magie und die Reaktionen auf der Leinwand in dieser Größe zu sehen. Ich spürte, dass das genau der Weg war, den ich langfristig gehen möchte. Dunja, Maik und ich sind übrigens sehr gute Freunde geworden und die beiden sind ganz außergewöhnliche Menschen. Dazu auch mehr unter dem Thema „Team“.

Legen Sie los

Was ich Ihnen mit dieser Geschichte aber vor allem sagen möchte: Was immer Sie bewegt, was immer Sie tun möchten, fangen Sie damit an. Alles Weitere wird sich finden oder es wird Sie finden: Hätte ich nicht diese Eintrittskarte für die Awardgala gekauft, hätte ich nie den Film „Finde Dich“ gesehen, hätte ich nie Dunja und Maik kennen gelernt. Hätte ich aber nicht den ersten Schritt gemacht und zum Hörer gegriffen, wäre auch nichts weiter passiert. Der Venedig Film wäre wahrscheinlich nie entstanden, zumindest nicht in dieser Form. Ich hätte nicht diese fantastischen Freunde kennen gelernt und mir wäre ein echtes Abenteuer entgangen.

Deshalb: Sobald Sie wissen, was Sie wollen, legen Sie los. Machen Sie den ersten Schritt, egal wie klein er auch ist. Der Erforscher der Heldenreise, Joseph Campell, hat es einmal so ausgedrückt „Wenn Du auf Deinem Weg bist, werden sich Türen öffnen, wo vorher nur Wände waren“. Genau so ist es. Probieren Sie es einfach aus. Sie möchten ein neues Hobby beginnen, eine Weltreise unternehmen, in eine andere Stadt ziehen, sich beruflich verändern, eine alte Freundschaft wieder aufleben lassen, Fallschirmspringen oder ein Buch schreiben. Was immer gerade Ihre Mission ist, fühlen Sie sich motiviert genau JETZT den ersten Schritt zu wagen. Fangen Sie an und schreiben Sie mir gerne, wenn Sie etwas Magisches erlebt haben oder vielleicht sogar etwas, dass Sie im positiven Sinne umgehauen hat! Ich bin gespannt was das sein wird. Überraschen Sie mich.

Kapitel Zwei
Wie real ist die Realität?

Wer sagt, „Ich kann nicht", setzt sich nur selbst Grenzen. Denke an die Hummel. Die Hummel hat eine Flügelfläche von 0,7 Quadratzentimeter, bei 1,2 Gramm Gewicht. Nach den bekannten Gesetzen der Aerodynamik ist es unmöglich, bei diesen Verhältnissen zu fliegen. Die Hummel weiß das nicht. Sie fliegt einfach.

(Arthur Lassen)

Als Zauberkünstlerin spiele ich natürlich immer mit der Realität. Sicherlich werden Sie daher Ihre Realität ein bisschen infrage stellen, wenn Sie eines Tages zu mir in die Show kommen – oder zu einem meiner Kollegen. Denn in Zaubershows wird regelmäßig das Unmögliche möglich, genau darin liegt ja der besondere Reiz. Wie kann ein von einem Zuschauer ausgeliehener und von ihm unterschriebener Geldschein, der in eine Zitrone gesteckt wird, die wiederum fest in einer Kiste eingeschlossen wird, die dann ein anderer Zuschauer die ganze Zeit fest hält, am Ende der Show außerhalb von Zitrone und Kiste erscheinen? Wie kann ich den Namen der großen Liebe einer Person, die ich noch nie im Leben gesehen habe, korrekt vorhersagen und auf einem Zettel erscheinen lassen? Wie kann aus zufällig gewählten Worten auf einem vom Zuschauer zufällig gewählten Schnipsel einer zerrissenen Zeitung ein sinnvoller Satz mit dem Motto des Abends erscheinen? Wie kann ich die exakte Farbkombination, die ein Zuschauer wählt, um ein Kunstwerk anzumalen, schon vor der Show erahnen? Wie gelingt es mir, Personen aus dem Nichts auf der Bühne erscheinen zu lassen? Nun, die Antwort auf all das ist einfach: Mit Zaubertricks, denn in unserer Realität geht all das gar nicht. Es ist nach den physikalischen Gesetzen ausgeschlossen. Aber für die Zuschauer passiert es ja trotzdem, live und in Farbe, ganz ohne Kameratricks. Das Publikum wird Zeuge von magischen Phänomenen, die sich an jenem Abend genau so ereignen, direkt vor ihren Augen. Also ist dies alles doch möglich? Vielleicht mit einer anderen Wahrnehmung der Realität?

Wenn zu mir jemand sagt, „Das ist unrealistisch" oder „Das geht nicht" oder sogar: „Das ist völlig unmöglich", dann bin ich erst so richtig motiviert und laufe zur Höchstform auf. Die meisten Menschen, die anderen eine Idee präsentieren und solche Aussagen erhalten, würden sie jedoch so akzeptieren und sich dann von ihrer Idee oder ihrem Projekt verabschieden. Wie oft ist Ihnen das schon so gegangen? Dabei dürfen Sie eines nie übersehen: Fast alles war irgendwann einmal unmöglich. So zum Beispiel der Flug zum Mond, ein Telefon, das Sie überall mit hinnehmen können (ohne Kabel), das Internet, mit einem Flugzeug zu fliegen, diverse Heilmittel und unzählige Erfindungen. Hätte Thomas A. Edison auch gedacht, dass es unmöglich sei, das elektrische Licht zu erfinden, und hätte er nicht an die 10.000 Versuche unternommen, es dennoch möglich zu machen, säßen wir vielleicht heute noch im Dunkeln. Glauben Sie an Ihre Idee. Und wahrscheinlich geht Ihnen schon „ein Licht auf", bevor Sie auf 9.999 Arten herausgefunden haben, wie Sie Ihr Vorhaben nicht umsetzen können. Manchmal müssen Sie dazu nur Ihre Wahrnehmung der Realität ein wenig verschieben. Dazu beschäftigen wir uns erst einmal etwas intensiver mit dem Thema „Realität".

Der Blick hinter die Realität

Sicher ist, die Realität ist nicht für alle Menschen auf dieselbe Weise real. Was jemand als Realität empfindet, hängt von seiner Vorprägung, seinen Erfahrungen, seiner aktuellen Stimmung, seinem Alter, seinem Umfeld und seiner Interpretation ab. Bevor nun die Mathematiker unter Ihnen anfangen zu argumentieren: „Aber Zahlen sind Realität!" Wirklich? Eins und eins ist zwei, richtig. Aber sind zwei Äpfel besser als einer? Das kommt darauf an, ob Sie Äpfel mögen. Sind zwei Euro besser als einer? Das kommt darauf an, für was sie das Geld benötigen. Für den Schlitz im Einkaufswagen nützt Ihnen ein Zwei-Euro-Stück wenig. Und, mal vom weiblichen Standpunkt her gesehen: Sind zwei Männer besser als einer? Das überlasse ich Ihnen. Ich denke, Sie verstehen, auf was ich hinauswill: Realität, oder wie es manche auch gerne ausdrücken „Fakten", sind Interpretationssache. Lassen Sie sich nie von angeblich unverrückbaren Fakten von Ihren Ideen abbringen.

Verliebt oder gestresst

Es gibt also für Menschen in unterschiedlichen Situationen unterschiedliche Realitäten. Fangen wir mit einem leichten Beispiel an: Wenn Sie frisch verliebt sind und daher diese tolle rosa Brille tragen, ist Ihre Welt ganz anders als vielleicht noch Tage zuvor. Sie sehen überall schöne Dinge, sind selbst zu allen Menschen freundlich, Probleme erscheinen Ihnen nicht so groß, Sie entdecken neue Möglichkeiten, fühlen sich fit und denken, Sie könnten Bäume ausreißen. Es ist fast so, als hätte sich ein grauer Schleier von der Welt gehoben und Sie könnten jetzt klarer sehen. Alles ist viel heller, farbiger und schöner. Aber: Die Realität hat sich kein Stück bewegt, sondern ist noch wie am Tag zuvor. Sie gehen in den vollgestopften Straßen, begegnen denselben schlecht gelaunten Menschen – oder auch den fröhlichen. Doch in Ihrer Wahrnehmung hat sich etwas verschoben und schon scheint die Welt eine andere zu sein. Sie stehen beim Einkaufen während der knappen Mittagspause in der Schlange an der Kasse des Supermarktes, sind völlig entspannt und lächeln jeden an – in Gedanken schon beim romantischen Dinner am Abend. Vor Ihnen steht dagegen jemand, der an diesem Nachmittag eine Prüfung schreiben muss, von der das ganze weitere Leben abhängt, und er muss in zehn Minuten vor den Prüfern erscheinen. Diese Person wird die Realität an diesem Tag und in dieser Situation völlig anders wahrnehmen als Sie. Bei dieser Person dominieren: Anspannung,

Stress, Bewusstseinseinengung, Scheuklappen, Panik, innere Unruhe, Ungewissheit. Diese Person empfindet die Schlange als unheimlich lang, die Kassiererin als schrecklich langsam, den ganzen Tag als Horror. Nun, wessen Realität ist real?

Ängstlich oder relaxt

Noch eine andere Überlegung: Folgen Sie mir gedanklich nach New York auf ein sehr hohes Gebäude, sagen wir das Empire State Building. Dort stehen zwei Personen auf der Plattform. Person A fühlt sich fantastisch, spürt den Wind und die Sonne und genießt die unglaubliche Aussicht über die Stadt, die niemals schläft. Person B steht daneben mit zitternden Knien, feuchten Händen und kann überhaupt nichts genießen, sondern wird nur von dem Gedanken geplagt, den Ort so schnell wie irgend möglich wieder zu verlassen. Existieren hier zwei Realitäten direkt nebeneinander und dazwischen ist eine Trennungslinie? Nein, die äußerlichen Umstände sind exakt dieselben, nur die Wahrnehmung der beiden Personen ist durch ihre Erfahrungen, ihre vorhandenen oder nicht vorhandenen Ängste, vielleicht auch ihre derzeitige persönliche Situation unterschiedlich geprägt. Welche der beiden Personen sind Sie? Warum? Mit dem Thema Angst beschäftigen wir uns noch in einem späteren Kapitel etwas genauer.

Zeit verändert Realität

Sicher kennen Sie das auch. Die Realität verändert sich im Laufe unseres Lebens stark. Bestimmt sind Sie im Erwachsenenalter einmal an einen Ort zurückgekehrt, an dem Sie als Kind oft waren. Dann werden Sie wahrscheinlich festgestellt haben, dass alles irgendwie viel kleiner und enger ist, als Sie es in Erinnerung hatten. Früher war alles so groß. Sie mussten ganz schön lange laufen, um sich von Punkt A auf Punkt B zuzubewegen. Hier haben wir das gleiche Phänomen: Natürlich wissen Sie, dass im Laufe der Zeit die Häuser an diesem Ort nicht geschrumpft sind oder sich die Wege dazwischen zusammengezogen haben, wie Kaugummi. Aber Ihre Perspektive hat sich entwickelt, und sei es nur, weil sie ziemlich wahrscheinlich inzwischen auch körperlich ein bisschen gewachsen sind. Sie können also schon alleine dadurch schnellere und größere Schritte machen. Ist es nun also schade, dass Ihnen alles so klein und nah vorkommt, weil es Ihnen bewusstmacht, dass Sie kein Kind mehr sind? Oder könnte es auch bedeuten, dass Sie sich heute viel schneller auf Ihre Ziele und Träume zubewegen können als früher. Die Welt ist „kleiner" geworden und somit auch die Distanz, die Sie jetzt noch von Ihrem Traum trennt. Wie gesagt: Ihr Heimatort ist weitgehend derselbe, die realen Proportionen haben sich nicht verändert.

Meine Realität ist keine Insel

Welche magischen Geheimnisse könnten wir der Wirklichkeit jenseits der Bühne noch entlocken? Vielleicht Folgendes: Die Realität befindet sich in einem kontinuierlichen Wandel und Ihre Realität ist keine Insel. Soll heißen: Auch unabhängig von Ihrer Perspektive ist Ihre Realität nicht an jedem Tag gleich, schon weil sie anderen Menschen begegnen. Ihre Realität wird von vielen Faktoren geprägt, auf die Sie nicht immer Einfluss haben, zumindest nicht in dem Maße, wie Sie es gerne hätten. Ein wilder Mix an Stimmungen, Ereignissen, plötzlich ausgelösten Erinnerungen, Zukunftssorgen, zufälligen Begegnungen, gesundheitlichem Befinden und noch vielem mehr entscheidet, wie eine Person A am Tag X die Welt sieht und welche Chancen sie gerade nicht sieht. Nun treffen Sie mit all ihren persönlichen Faktoren gerade an jenem Tag X mit einem besonderen Anliegen auf eine Person B mit deren Faktoren und erfahren eine Zurückweisung. Das ist im besten Falle unangenehm, im schlechtesten fühlen Sie sich verletzt und ziehen sich erst einmal zurück. Eine ganz normale Reaktion. Doch behalten Sie Folgendes im Kopf: Morgen kann die Welt wortwörtlich schon wieder ganz anders aussehen, die Dinge haben sich dann neu sortiert. Deshalb geben Sie nicht gleich auf, wenn Sie heute ein Nein bekommen. Das heißt noch gar nichts. Es ist durchaus möglich, ja sogar sehr wahrscheinlich, dass sich dieses Nein in ein Ja verwandeln kann. Vielleicht müssen Sie dazu nur einmal Ihre eigene Realität ein bisschen durchschütteln. Das funktioniert ganz einfach: Besuchen Sie eine meiner Shows, da steht die Realität Kopf! Nein, im Ernst. Wenn Sie in Ihrer Nähe eine Achterbahn mit Looping haben, dann fahren Sie damit. Und machen Sie sich bewusst, dass die Fahrt auch weitergeht, wenn die Welt mal auf dem Kopf steht. Und wenn es keine Achterbahn gibt, dann versuchen Sie sich doch einfach einmal selbst im Kopfstand. An der Wand, mithilfe eines Partners. Stellen Sie Ihre Welt einmal ganz wörtlich auf den Kopf. Und dann machen Sie das mit der Begegnung mit Person B am Tag X. Und versuchen es noch mal am Tag Y. Vielleicht hat sich auch bei B die Welt gedreht oder Ihr „Kopfstand“ überzeugt – oder Sie müssen es ein drittes Mal probieren – oder bei Person C. Auf jeden Fall war die Zurückweisung an Tag X keine unabänderliche Realität. Denn wir wissen inzwischen: DIE Realität gibt es nicht.

Zwischenbemerkung: Sind Träume Realität?

Ich möchte Sie noch auf ein anderes Phänomen aufmerksam machen. Bestimmt haben Sie auch schon erlebt, dass Sie nachts sehr intensiv geträumt haben, in allen Details und von Personen, die in Ihrem Leben eine wichtige Rolle spielen. Kurze Zeit später ist dann quasi die gleiche Situation in Realität eingetreten. Dann kommen Sie in einen merkwürdigen Zustand, in dem die Grenze der Realität zu verschwimmen scheint. Plötzlich können Sie nicht mehr mit Sicherheit sagen, was Sie geträumt haben und was tatsächlich passiert ist. Das fühlt sich ein bisschen so an, als wäre man für einige Momente in eine Zwischenwelt gerutscht. Ein erstaunliches Erlebnis. Dies kann auch vorkommen mit Gegenständen, die Sie verlegt haben. Vielleicht träumen Sie nachts, wo Sie einen Gegenstand hingelegt haben, den Sie schon lange suchen, und wenn Sie aufwachen, finden Sie ihn genau dort! Alles nicht real – oder doch? Das ist die Illusion der Realität.

Alles Illusion

Was Sie hier gerade lesen, ist nichts als Illusion. Denn eigentlich sind es doch nur verschiedene Linien und Punkte von schwarzer Tinte auf weißem Papier. Dennoch entsteht, während Ihre Augen über diese Zeilen fliegen, in Ihrem Kopf eine Realität aus Bildern, die Sie selbst erzeugen, und vielleicht wecken sie sogar ein Gefühl in Ihnen. Wenn Sie am Wochenende ins Kino gehen, können Sie einem ähnlichen Phänomen begegnen: Sagen wir, Sie sind mutig und wagen es, einen Horrorfilm anzuschauen – idealerweise auch noch zu später Stunde, nahe an Mitternacht. Sie sitzen also im Kino, in Sicherheit in einem bequemen Kinosessel. Eigentlich wissen Sie, dass alles auf der Leinwand nur Illusion ist, alles inszeniert. Und trotzdem spielt Ihnen Ihre Wahrnehmung einen Streich und die Grenzen zur Realität beginnen sich zu lösen. Denn obwohl das alles nicht echt ist, laufen in Ihrem Körper und in Ihrem Kopf Reaktionen ab, als wäre das alles echt. Sie sind angespannt, haben Angst, erschrecken sich, Ihr Herz schlägt höher und als Frau klammern Sie sich vielleicht ängstlich an ihr Date oder wenn Sie mit Ihrer besten Freundin im Kino sitzen, halten Sie plötzlich schweißnasse Händchen und wenn Sie ein Mann sind, erwachen Beschützerinstinkte. Aber: wenn Sie Augen und Ohren verschließen und spätestens wenn Sie nach dem Film das Kino verlassen, ist der ganze Spuk auch schon vorbei. Nun könnten Sie den Effekt vielleicht auch umgekehrt nutzen, indem Sie sich einen motivierenden Film ansehen, der Sie so richtig mitreißt und Ihnen das Gefühl gibt, Sie könnten alles schaffen, was Sie sich vorgenommen haben. Glauben Sie mir, Sie werden erhobenen Hauptes das Kino verlassen, weil all die Bilder einer anderen Realität in Ihnen positive Gefühle ausgelöst haben.

Ich habe mir schon immer überlegt, dass es doch mal interessant wäre auszuprobieren, was passiert, wenn man den Fluggästen in einem Flugzeug kurz nach der Landung in Madrid sagen würde „Herzlich willkommen auf Mallorca“. Für einen kurzen Moment würde das sicher bei einigen totale Panik und absolute Verwirrung auslösen. Eine Illusion, die sich nur im Kopf abspielt.

Die Magie im eigenen Leben sehen

An dieser Stelle möchte ich mit Ihnen einen für mich ganz wichtigen Gedanken teilen: Oft arbeite ich lange an einem magischen Effekt und es kann sein, dass mir erst einmal keine sinnvolle Lösung für die Umsetzung auf der Bühne einfällt. Trotzdem weiß ich immer ganz genau, dass ich früher oder später die ideale Lösung finden werde, weil sich irgendetwas verändert oder die richtige Inspiration meinen Weg kreuzt.

Genau dies lässt sich auch auf unser Leben übertragen: Stellen Sie sich vor, dass Ihre Welt ganz anders sein könnte, wenn sich bestimmte Parameter verändern. Alles, was Sie jetzt gerade für feste Fakten halten, könnte sich komplett ändern und dann würde alles völlig anders aussehen. Denken Sie darüber nach, was für eine Power dieser Gedanke hat! Sicher ist, nichts ist jemals so, wie es scheint! Und nichts ist absolut sicher, außer, dass wir alle eines Tages sterben müssen. Je weiter Sie sich von Ihrem Traum entfernt glauben, desto näher sind Sie ihm vielleicht.

Schaffen Sie die richtigen Voraussetzungen für Ihre kreative Realität. Sehen Sie, dass es Ihnen gut geht. Denn, wenn es Ihnen gut geht, ist alles besser und Sie treffen bessere Entscheidungen, was unweigerlich zu einer Verbesserung Ihres Lebens oder Ihrer momentanen Situation führt.

Und dann noch ein, wie ich finde, sehr schöner Gedanke: Sicher kennen Sie die Redewendung „zu schön, um wahr zu sein“. Leider wird diese Beschreibung so oft negativ verwendet. Dabei könnte es doch etwas Schönes haben, wenn wir eine Person, ein Erlebnis, eine Idee so wahrnehmen, dass sie uns erscheint, als könne sie nicht von dieser Welt sein. Haben Sie so etwas schon erlebt oder gesehen?

Dann denken Sie doch einmal ganz intensiv daran zurück und lassen Sie sich noch einmal davon verzaubern. Manchmal brauchen Sie kein Buch und keinen Film. Manchmal kann Sie Ihr eigenes Leben verzaubern. Wenn Sie auf die magischen Momente achten.

Und damit sind wir fast schon bei einem Thema, auf das ich später im Buch noch zurückkomme, unter „Hokus Fokus". Alles, worauf Sie Ihre Aufmerksamkeit richten, nimmt zu. Wieso also nicht diese Tatsache gekonnt nutzen und die Aufmerksamkeit auf Dinge richten, die schön sind, von denen man gerne mehr hätte und die einen glücklich machen? Probieren Sie es doch einfach mal aus und lassen Sie sich von der Realität verzaubern. Und nehmen Sie die Magie in Ihrem eignen Leben wahr.

Kapitel Drei
Die Magie der Wahrnehmung

Vieles, um nicht zu sagen fast alles in der Zauberei hat mit der Wahrnehmung der Zuschauer zu tun. Die Aufmerksamkeit wird abgelenkt, umgelenkt und manchmal sogar bewusst überfordert, sodass eine Illusion erschaffen werden kann. Wir als Zauberkünstler kontrollieren also die Aufmerksamkeit der Zuschauer und entscheiden so zielgerichtet, was Sie wahrnehmen sollen und was nicht.
Interessanterweise ist dies übrigens bei Kindern schwieriger zu erreichen als bei Erwachsenen. Denn Kinder schauen genau dahin, wo sie gerade hinschauen möchten, und sind viel neugieriger. Deshalb ist es gar nicht so einfach, Kinder in einer Zaubershow zu täuschen. Wenn es dann jedoch gelingt, ist das Staunen umso größer. Verblüffend ist oft auch, wie die Zuschauer die erlebte Magie weitererzählen

– nicht selten wird der Effekt, von dem sie Zeuge geworden sind, in ihrer Erzählung bei ihnen noch viel spektakulärer, als er live auf der Bühne stattgefunden hat. Für uns Magier ein positiver Nebeneffekt. Tatsache ist: Alles, was für uns Realität ist, ist ein Gebilde, das aus unserer Wahrnehmung und unseren Gedanken entsteht. Das haben wir schon im letzten Kapitel festgestellt. Selbst feststehende Sachverhalte formen wir nach unseren eigenen Vorstellungen individuell um und gleichen sie an die Informationen, die uns bekannt sind, an. Daher kümmern wir uns jetzt um das Thema Wahrnehmung.

Präsent sein in der Gegenwart

Generell ist es fast schon erschreckend, wie schlecht die Wahrnehmung der meisten Menschen ausgeprägt ist, wie wenig sie von ihrer Umwelt mitbekommen. Von elf Millionen Informationseinheiten täglich nehmen wir nämlich gerade einmal 40 bewusst wahr. Gut, vielleicht müssten es nicht alle elf Millionen Einheiten sein, aber nur 40? Die meisten Leute sind mit ihren Gedanken überall – nur nicht im aktuellen Moment oder bei der Tätigkeit, die sie gerade ausführen. Ihre Gedanken wandern zurück in die Vergangenheit oder irgendwo in eins von vielen möglichen Zukunftsszenarien. Damit wird aber der Blick, für das, was gerade geschieht, eingeschränkt. Nicht nur, dass das sehr oft auch unhöflich ist (muss man beim Bezahlen in einem Geschäft wirklich schon seine letzten E-Mails checken?), auf diese Weise entgehen vielen Menschen entscheidende Chancen im Leben, weil sie einfach nicht präsent sind. Vielleicht ist das ein Köder: Es heißt auch, Präsenz sei sexy. Und da ist was dran, denn sicher haben Sie auch schon Menschen beobachtet, die voll und ganz bei der Sache waren oder Ihnen 100 Prozent zugehört haben. Das macht einen großen Unterschied und fühlt sich richtig gut an, für beide Seiten.

Wie in der Zauberei, so gibt es natürlich auch in unserem Leben jede Menge Ablenkungen. Immer und überall. Oft werden wir geradezu überflutet mit Reizen und es ist alles andere als einfach, sich dem zu entziehen. Wir sind umgeben von visuellen Reizen, jeder Menge Geräuschen und oft auch noch unterschiedlichen Gerüchen. Da ist es schon eine Herausforderung, sich auf eine einzige Sache zu konzentrieren und alles andere bewusst auszublenden. Dann aber erst funktioniert der (Hokus-) Fokus. Um überhaupt fokussieren zu können, das heißt unsere Wahrnehmung auf einen bestimmten Punkt, ein Ziel, eine Person zu konzentrieren, müssen wir lernen, wirklich zu verstehen, was und wie wir wahrnehmen.

Raus aus dem Autopiloten

Die Zauberei erfordert beim Zauberer diese absolute Präsenz auf der Bühne, denn jeder Schritt, jeder Handgriff muss stimmen, sonst entsteht keine Magie. Auch auf der Bühne gibt es zahlreiche Ablenkungen. Meist steht man auch noch unter Druck oder muss mit unvorhergesehenen Situationen klarkommen. Es hilft, das Ganze schon mal vorab mental, also nur im Kopf, durchzugehen. Je genauer man weiß, was man tut, umso größer wird die Präsenz sein, die auch vom Publikum wahrgenommen wird.

Im Alltag dagegen sind wir die meiste Zeit über im „Autopilot-Modus" unterwegs. Gewohnte Abläufe, Routine – da schalten wir erst mal ab. Sicher ist es Ihnen auch schon passiert, dass Sie abends heimgefahren sind und sich zu Hause nicht mehr genau erinnern konnten, wie Sie dort hingekommen sind beziehungsweise welchen Weg Sie genommen haben. Ein automatisierter Vorgang, keine neuen Reize, also ist Ihr Gehirn quasi in den Ruhemodus gegangen und Sie haben sich gedanklich anderen Dingen gewidmet, wie zum Beispiel. dem, was Sie morgen einkaufen müssen. Als Sie noch Fahrschüler waren, wäre dies sicher nicht möglich gewesen – so viele neue Reize und Bewegungen! Sie waren voll konzentriert und mitten im Moment. Es wäre undenkbar gewesen, nebenher noch am Radio zu hantieren und etwas zu essen. Sie waren präsent am Steuer und in Alarmbereitschaft, hoch konzentriert. So ist es immer, wenn wir etwas Neues lernen. Zu Beginn sind wir voll dabei, manchmal haben wir sogar das Gefühl, wir könnten etwas nie lernen, weil es so komplex und anders ist als alles, was wir bisher gelernt haben und wir es dadurch nicht sofort mit unserem bekannten Wissen vernetzen können. Doch sobald die Routine einkehrt, lässt die Wahrnehmung nach, unser Unterbewusstsein übernimmt einen großen Teil des Jobs. Das trifft auf alle alltäglichen Verrichtungen zu. Unsere Wahrnehmung geht in der Routine oft mal ein Nickerchen machen. Und das Faszinierende daran: In einem solchen Dämmerschlaf sehen wir nicht nur vieles nicht, wir sehen auch nur noch das, was wir ohnehin erwarten.

Die schlafende Wahrnehmung

In meinen Vorträgen erzähle ich gerne von einem äußerst interessanten Experiment, das in einem Video zeigt, dass wir Menschen, insbesondere im Autopilot-Zustand, nur sehen, was wir erwarten. Die Szenerie: Eine Tankstellen-Kasse in Amerika. Der Kassierer dort bückt sich während des Kassiervorgangs nach einem Kugelschreiber. Statt ihm steht dann jedoch ein anderer Kassierer wieder auf und beendet den Kassiervorgang. Tatsächlich nehmen 80 Prozent der Kunden diesen Austausch der Person, die ihnen doch direkt gegenüber steht, gar nicht wahr. Man ging in diesem Experiment sogar noch einen Schritt weiter, indem sich der Kassierer im Laufe des Bezahlvorgangs in eine Frau „verwandelte". Und selbst in diesem Fall wurden nur 37 Prozent der Kunden stutzig.
Unsere Wahrnehmung, insbesondere die, die wir vor sich hin schlafen lassen, stützt sich auch auf unsere Erwartungen. Oft passieren dann genau die Dinge, die wir erwarten. Eine Art sich selbst erfüllende Prophezeiung, da wir unsere Aufmerksamkeit auf das Erwartete ausrichten.

Oder wir „übersehen“ etwas, das wir entweder überhaupt nicht oder zumindest nicht zum entsprechenden Zeitpunkt an einem bestimmten Ort erwartet hätten.
So kam es zu folgendem mysteriösen Fall: Eines Tages musste ein Kleinflugzeug auf der Autobahn notlanden. Dutzende Autos fuhren in das Flugzeug, obwohl sie noch hätten bremsen können. Als man die Fahrer hinterher fragte, warum sie denn bloß in das Flugzeug gekracht wären, war die Antwort simpel: Sie hatten es nicht gesehen! Niemand hat ein Flugzeug mitten auf der Autobahn erwartet. Es wurde also von der Wahrnehmung der Fahrer scheinbar einfach ausgeblendet! Aber solch harmlosere Beispiele gibt es auch im Alltag: Haben Sie auch schon mal Ihre Brille gesucht, die Sie auf dem Kopf hatten? Oder Ihre Hausschlüssel, die Sie bereits in der Hand hielten? Erwischt? Manchmal trickst uns eben unser eigenes Gehirn aus. Vor allem, wenn wir es nicht in den Aktiv-Modus schalten.

Wein aus dem Umschlag

Ein Zauberkollege von mir hat einmal ein hoch interessantes Projekt mit versteckter Kamera gestartet, um zu sehen, wie Menschen auf Magie reagieren, an einem Ort, an dem sie überhaupt nicht damit rechnen und daher keinerlei entsprechende Erwartungen haben. Er war an einem Counter in einem Supermarkt und hat, ohne dass die Kunden wussten, dass er Magier ist, mehrere echte Weinflaschen aus einem flachen, zweidimensionalen Umschlag geholt! Seine „Opfer“ haben nicht einmal mit der Wimper gezuckt. Das Ganze hat einfach nicht in ihr Weltbild gepasst und wurde deshalb einfach ausgeblendet. Schließlich waren sie nur im Supermarkt. Es hat einfach niemand erwartet, dass es sich um Zauberei handelt, und so wurde das Geschehen einfach übersehen. Er wollte noch einen Schritt weitergehen. So lies er den Umschlag erst einmal fallen und die Kunden hörten klirrende Scherben. Als er dann im Anschluss intakte Weinflaschen aus dem Umschlag zauberte, reagierten die Passanten mit großem Staunen. Durch den akustischen Reiz wurde das Bewusstsein der Kunden wohl zurück ins "Hier und Jetzt" geholt. Plötzlich wurde Ihnen der "Schwindel" bewusst.

Um noch einmal auf meine Idee mit den Fluggästen zurückzukommen, die man bei der Landung in Madrid mit einem „Herzlich willkommen auf Mallorca" begrüßt. Wahrscheinlich würde es die Hälfte der Passagiere gar nicht bemerken, weil sie schon längst mit ihren Gedanken woanders ist.

Selektive Wahrnehmung

Eine kleine Übung:

Gehen Sie mit einer Freundin oder einem Freund, am besten jemand, der in vielen Punkten anders ist als Sie, durch eine Straße oder auch nur durch Ihre Wohnung. Anschließend schreiben Sie beide auf, wem was aufgefallen ist und warum. Mit Sicherheit werden Ihre Meinungen auseinandergehen, denn jeder von Ihnen hat einen anderen Hintergrund und unterschiedliche Ziele und achtet somit auf ganz andere Dinge und Reize in der Außenwelt. In der Wohnung ist das noch auffälliger. Denn natürlich fallen dem Bewohner ganz andere Dinge auf als dem Gast. Beide aber beschreiben dieselbe Umgebung, dieselbe Realität. Da unsere Realität eben nur ein subjektives Konstrukt aus unserer Wahrnehmung und unserem Wissen ist, nimmt jedes Individuum seine Umwelt tatsächlich mit „anderen Augen" wahr.

Unser Gehirn zielt darauf ab, Muster zu erkennen, Kategorien zu bilden. So ist es angelegt. Ständig werden Dinge, die wir neu erleben, mit dem abgeglichen, was uns schon bekannt ist und so wird unser Wissen kontinuierlich erweitert, wie eine Art Spinnennetz, das immer weitergesponnen wird. Unser Gehirn ist nun auch darauf trainiert, Dinge auszublenden und gegebenenfalls Dinge hinzuzufügen, die gar nicht da sind, um das Bild für uns vollständig zu machen – ein nützliches Phänomen für die Zauberkunst.

Nun scheint es so, als würde unser Gehirn manchmal die Welt für uns so schaffen, wie sie gerade passend ist. Sagen wir, Sie haben beschlossen, sich ein neues Auto zu kaufen. Vielleicht gehören Sie sogar zu den wenigen Menschen, die eine genaue Vorstellung davon haben, welche Marke, welche Farbe und welche Innenausstattung sie sich wünschen. Erstaunlicherweise wird Ihnen nun exakt dieses Modell sehr oft begegnen. Wie kommt es dazu? Werden über Nacht mehr Autos von dieser Marke und Farbe produziert? Wohl eher nicht. Doch Sie haben etwas in Ihrer Wahrnehmung verändert, sodass Ihnen dieses bestimmte Modell jetzt auffällt. Sie gehen in Sachen Autos wacher durch die Welt.

Das ist eine sehr hilfreiche Erkenntnis, denn sie zeigt, dass Sie Ihre Wahrnehmung ganz bewusst auf Dinge richten können, die für Sie wirklich eine Bedeutung haben. So können Sie sicher sein, dass sie Ihnen nicht mehr entgehen werden. Damit können Sie aber auch Ihre Realität prägen. Welche Welt möchten Sie morgen wahrnehmen?

Wenn Sie sich gedanklich stark mit einer Sache auseinandersetzen, werden Ihnen wahrscheinlich interessante Dinge auffallen. Es kann sein, dass Sie etwas im Radio hören, das Sie bei Ihrem Thema weiterbringt, oder jemand trägt ein T-Shirt oder eine Einkaufstasche mit einem Lösungsansatz, den Sie lange gesucht haben. Hören Sie anderen genau zu, das kann Ihnen einen besonderen Impuls geben. Achten Sie auf E-Mails, Flyer, Schaufenster, zufällige Begegnungen. Die Wirklichkeit ist voller Schätze, die nur darauf warten, von Ihnen und Ihrer bewussten Wahrnehmung entdeckt zu werden. Natürlich nur, wenn Sie erst einmal Ihre Wahrnehmung aufwecken!

Der Wahrnehmungstrick

Ein guter Anfang dazu ist, sich nochmals klarzumachen, dass man die Welt niemals objektiv, sondern immer subjektiv wahrnehmen wird, da die Realität eben in unserem Kopf entsteht. Unsere Wahrnehmung hängt stark davon ab, welche Gefühle und Motivationen wir haben und wo unser Fokus im Moment liegt. Gerade deshalb ist es sicher gut, sich ab und an zu fragen, ob man manche Dinge vielleicht völlig außer Acht lässt, weil man zu sehr auf etwas anderes fixiert ist. Sei es, dass man gedanklich zu viel im Job und zu wenig bei der Familie ist, sei es, dass man sich auf Probleme konzentriert und nicht auf Lösungen, oder sei es, dass man sich mit den falschen Menschen umgibt. Beispiele dafür gibt es unzählige.

Auch entstehen durch unsere individuelle Wahrnehmung schnell Vorurteile oder Missverständnisse. Wenn jemand in unserer Umgebung wirklich schlecht gelaunt ist, neigen wir dazu, das auf uns zu beziehen. Dabei wissen wir nicht, was vielleicht vorausgegangen ist, was genau unser Gegenüber in die augenblickliche Stimmung versetzt hat, da wir das nicht wahrgenommen haben, es gar nicht wahrnehmen konnten. Wir nehmen jeweils immer nur einen kleinen Aspekt der Realität wahr. Wie schon erwähnt, die Realität unseres Gegenübers kann ganz anders aussehen! In diesem Fall hilft eine klare Kommunikation und Offenheit, bevor die Dinge entgleisen.

Die Wahrnehmung schärfen

Geheimagenten in Filmen scheinen immer alles wahrzunehmen, wenn sie einen Raum betreten, sodass sie, wenn man sie später fragt, erstaunlich viele Details nennen können. So etwas erfordert natürlich Training, ist aber auch für uns machbar. Theoretisch. Denn erstaunlicherweise sind wir zum Beispiel in Situationen, in denen wir Angst oder Nervosität empfinden, automatisch wacher und nehmen viel mehr Details wahr. Diese Wachheit des Geistes kann man üben, indem man sich immer mal wieder – auf einem Spaziergang aber durchaus auch in der eigenen Wohnung oder im Büro – darauf konzentriert, seine Umgebung bewusst wahrzunehmen. Was sehen Sie? Was hören Sie? Was riechen Sie? Was können Sie anfassen und wie fühlt sich das an? Die Steigerung dieser Wahrnehmungsübung im Privaten ist ein geschäftliches Meeting. Versuchen Sie auch dort mit allen Sinnen wahrzunehmen, die Reaktionen ihrer Gesprächspartner, die Atmosphäre im Raum, die Getränke oder Speisen, die Kleidung Ihrer Gesprächspartner, die Körperhaltung –und lassen Sie sich dennoch nicht vom Inhalt der Gespräche ablenken. Am Anfang können Sie diese Wahrnehmungsübungen täglich einfach ein paar Minuten machen. Sie werden aber schnell merken, dass Sie „besser" darin werden und können die Übung ausdehnen. Irgendwann geht sie Ihnen dann vielleicht in Fleisch und Blut über. Sie werden sehr viel mehr wahrnehmen – auch viel mehr Möglichkeiten, Chancen, Wissen, Menschen. So bereichern Sie Ihre eigene Welt.

Ein guter Weg, die Wahrnehmung oder, wie es gerade in diesem Bereich oft heißt, die Achtsamkeit zu schärfen, ist auch die Meditation. Darauf komme ich im Kapitel „Stressmanagement" nochmal zurück.

Sind positive Gefühle im Spiel, wird Ihre Wahrnehmung übrigens wesentlich genauer. Lernen Sie beispielsweise jemanden kennen, der Sie wirklich interessiert, werden Sie sich automatisch erstaunlich viele Details zu dieser Person merken – und das auf ganz spielerische Weise, fast wie von selbst. Weil diese Person eine Bedeutung für Sie hat.

Das hat zum Beispiel den Vorteil, dass Sie mit diesem detaillierten Wissen eine perfekt für diese Person passende Überraschung aus dem Hut zaubern können. Und was gibt es Schöneres, als jemand anderem Freude zu bereiten.

Stellen Sie diesen Gedanken auf den Kopf: Gehen Sie mit einer positiven Grundeinstellung in eine Situation oder auf eine Person zu, werden Sie viel mehr Details wahrnehmen, auf die Sie eingehen können – und so vielleicht die entsprechende Person ein bisschen verzaubern, die Situation ein wenig magisch machen. Das ist wunderbar im Privatleben, schadet aber garantiert auch nicht im Beruf.

Unterbewusstsein mit Firewall

Ungeachtet der Tatsache, dass unser Kurzzeitgedächtnis gerade einmal in der Lage ist, sieben Informationsteile gleichzeitig aufzunehmen, bevor es abschaltet, wird doch alles, was wir erleben, und alles, was wir je erlebt haben, in unserem Unterbewusstsein abgespeichert. Der einzige Haken: Mit unserem bewussten Verstand gelangen wir nicht an diese Informationen. Doch beispielsweise Hypnose (siehe Kapitel Hypnose) kann es möglich machen, dass erstaunliche Details, die scheinbar schon lange vergraben sind, wieder an die Oberfläche geholt werden. So können sich Menschen sogar an Momente erinnern, in denen sie Kinder waren und noch nicht lesen konnten. Dennoch können sie den Titel eines Buches nennen, das ihnen vorgelesen wurde – weil die Information im Unterbewusstsein abgelegt wurde. Ich finde das wirklich magisch!

Dass unser Gehirn alles vorselektiert, was es in unser Bewusstsein vordringen lässt und was es vielleicht im Speicher ablegt, ist allerdings auch eine Schutzfunktion. Würden wir wirklich alles, was um uns herum passiert, bewusst wahrnehmen, würden wir wahrscheinlich verrückt werden!

Stellen Sie sich vor: Sie sitzen in einem großen Restaurant und hören jedes Gespräch um sich herum, alle Anweisungen aus der Küche, alle eingehenden Telefongespräche, hören, welche Zutaten gerade angeliefert, welche Bestellungen aufgenommen werden. Das wäre doch Wahnsinn – und vor allem: Was würden Sie mit all den Informationen anfangen? Aber, wie schon gesagt, das Gehirn lässt diese Überflutung nicht zu. Ich glaube, die meisten Menschen, auch ich immer mal wieder, müssen eher daran arbeiten, mehr Dinge bewusst wahrzunehmen, als zu viel Input aktiv zu selektieren.

Abschließend sei gesagt, die Schlussfolgerungen, die wir aus dem ziehen, was wir täglich wahrnehmen, entscheiden über unseren persönlichen, beruflichen und finanziellen Erfolg.

Also hat die Qualität unserer Wahrnehmung einen entscheidenden Einfluss auf die Qualität unserer Handlungen. Umso besser, umso schärfer unsere Wahrnehmung also ist, je mehr wir von dem wahrnehmen, was für uns relevant ist, je mehr wir von den Menschen um uns herum wahrnehmen, umso zielgerichteter fallen auch die Handlungen aus, die daraus entstehen. Je positiver die Grundstimmung ist, in der wir unsere Wahrnehmungen aufnehmen und bewerten, desto positiver werden wir von außen wahrgenommen. Dazu müssen wir unsere Realität manchmal auf den Kopf stellen. Ist unsere Grundstimmung von negativen Einflüssen geprägt und unsere Wahrnehmung verzerrt oder unpräzise, wissen wir nicht, worauf wir unsere Aufmerksamkeit richten sollen. Dies führt zu diffusen und unüberlegten Handlungen und einer bestenfalls diffusen oder sogar negativen Reaktion unserer Außenwelt. Das wiederum hebt unsere Stimmung nicht gerade – ein Teufelskreis.

Außersinnliche Wahrnehmung

Da sich dieses Buch mit Magie befasst, möchte ich an dieser Stelle auf das Thema der übersinnlichen Wahrnehmung eingehen. ASW oder englisch ESP befasst sich mit einer hypothetischen Art von Wahrnehmungen. Dies ist natürlich ein dankbares Thema für Zaubershows, denn nahezu alle Menschen sind davon fasziniert. Viele haben sich schon einmal überlegt, wie es wohl wäre, mehr wahrnehmen zu können, als seine Mitmenschen, einen echten siebten Sinn zu haben. Wir Magier haben diesen siebten Sinn natürlich – auch wenn er sich „nur" zur Unterhaltung des Publikums und mithilfe von Tricktechnik und psychologischem Wissen zeigt. Für unser Publikum haben wir übersinnliche Kräfte. Was ja zu Unterhaltungszwecken auch eine willkommene Wahrnehmungstäuschung ist.

Ernsthaft befasst sich die Parapsychologie mit diesem Phänomen, worüber man ein gesondertes Werk verfassen könnte. Da geht es vor allem um Dinge wie Telepathie (wer möchte nicht gerne die Gedanken seiner großen Liebe oder eines wichtigen Geschäftspartners lesen können), um Hellsehen/Hellhören (Wahrnehmen eines Ereignisses, das sich zeitgleich an einem anderen Ort abspielt) oder auch Präkognition (die Fähigkeit vergangene Ereignisse wahrzunehmen und damit in der Gegenwart die passenden Entscheidungen zu treffen). Interessant bei letzterem Phänomen ist, dass die Kausalität aufgehoben wird: Denn zum Zeitpunkt der Vorhersage steht kein rationales Wissen über das Ereignis zur Verfügung – die Präkognition liegt zeitlich vor dem Ereignis und damit liegt die Wirkung vor der Ursache! Ich weiß, das ist sehr verwirrend. In unserer westlichen Welt gehören diese Phänomene, wenn es auch wissenschaftlich weder Beweise für deren Existenz noch Beweise für deren Nicht-Existenz gibt, eher in das Feld der Wahrnehmungsstörungen.

Vielleicht wurden Sie in einer Zaubershow aber schon einmal Zeuge einer erstaunlichen Vorhersage? Die am Ende der Show exakt eingetroffen ist? Ich persönlich finde es spannender, dem „Übernatürlichen“ einen Raum zu geben, solange niemand endgültig beweisen kann, ob es diese Phänomene gibt oder nicht. Tja und vielleicht haben Sie auch schon mal eines dieser „Phänomene“ erlebt, indem Sie intensiv an eine Person gedacht haben und diese im nächsten Moment angerufen hat? Zufall? Magie? Oder irgendwas dazwischen? Sicher existieren weitaus mehr Dinge zwischen Himmel und Erde, als wir je in der Lage sein werden zu erahnen, geschweige denn zu verstehen.

Bevor wir uns aber mit der außersinnlichen Wahrnehmung auseinandersetzen, sollten wir wohl besser unsere tägliche Wahrnehmung trainieren, damit wir Chancen, wenn sie aufkreuzen, auch erkennen und nutzen können! Um eine bessere Wahrnehmung zu entwickeln, ist es nötig, sich klar auf etwas oder vielleicht auch jemanden zu fokussieren.

Kapitel Vier
Hokus Fokus

Als Zauberkünstlerin muss ich bei meinen Auftritten sehr fokussiert sein. Ich muss genau wissen, was ich tue, damit am Ende genau der Effekt eintritt, den ich beabsichtigt habe. Dazu muss ich mit viel Klarheit die Aufmerksamkeit der Zuschauer führen.
Ich habe zum Beispiel einen Russisch-Roulette-Effekt im Programm. Dabei geht es darum, dass ein echter Nagel unter einem von fünf Plastikbechern platziert wird, mit der gefährlichen Spitze nach oben. Während ein Zuschauer den Nagel platzieren darf, hält mir ein anderer von hinten die Augen zu und schließt selbst seine Augen, sodass er nicht weiß, wo sich der Nagel befindet. Nach und nach zertrümmere ich nun mit der flachen Hand einen Becher nach dem anderen mit voller Wucht – bis nur noch ein Becher übrigbleibt: Hoffentlich der Becher unter dem sich der gefährliche Nagel befindet! Hier ist ein ganz klarer Fokus gefragt, denn, wenn ich oder mein Assistent einen Fehler machen, könnten die Auswirkungen gravierend sein und in einer bösen Verletzung enden. Es steht viel auf dem Spiel, denn die Hände eines Magiers sind schließlich sein Kapital.

Klarheit durch Entscheidung

Wann immer wir unsere gesamte Aufmerksamkeit auf eine Sache konzentrieren, haben wir dort volle Power. Vergleichbar mit dem Glas, das man in die Sonne hält. Bündeln sich dort alle Sonnenstrahlen, fängt ein Papier, das man darunter hält, Feuer. Die meisten Menschen sind selten sehr fokussiert, was auch daher rührt, dass sie gar nicht wissen, wo sie eigentlich hinwollen, also auch nicht, worauf sie ihre gesamte Aufmerksamkeit richten sollen.

Um einen starken Fokus zu bekommen, müssen wir viele Entscheidungen treffen: Wir müssen uns für – und gegen – Dinge, Handlungen, Orte und manchmal auch Menschen entscheiden. Das ist alles andere als einfach. Je schwieriger die Entscheidung, desto mehr Zeit lassen wir uns dabei für gewöhnlich. Doch Entscheidungen führen zu Klarheit - und Klarheit wiederum führt zu Power. Nebensächliche Dinge werden aussortiert und wir können unsere Energie für die wirklich wichtigen Dinge nutzen. Ein Extrembeispiel dafür ist jemand wie Steve Jobs, der immer dieselbe Kleidung getragen hat und ohne einen Blick in die Speisekarte immer das Gleiche bestellt hat. So hatte er sich dieser banalen Entscheidungen entledigt und hatte mehr Potenzial für die ihm wichtigen Dinge zur Verfügung. Oder nehmen Sie Bogenschießen. Wenn es Ihnen dabei nicht gelingt, sich auf das Ziel, die schwarze Mitte der Zielscheibe, zu fokussieren, werden Sie nie ins Schwarze treffen. Deswegen ist Bogenschießen übrigens auch eine sehr beliebte Achtsamkeitsübung.

Ablenkung abschalten

In der Zauberei sind Ablenkungen der Zuschauer sehr wichtig, damit sie in bestimmten Schlüsselmomenten nicht auf die Dinge achten, die für das Funktionieren eines Tricks verantwortlich sind. Der Magier aber darf sich nicht ein kleines bisschen ablenken lassen. Auch wenn es in unserem Leben um den Fokus geht, so sind wir umso erfolgreicher darin, ihn zu generieren, je weniger Ablenkungen wir haben. Sicher haben Sie auch schon mal an einem Projekt gearbeitet, das für Sie eine große Rolle gespielt hat. Wenn Sie dann das Telefon nicht ausmachen, kommt mit an Sicherheit grenzender Wahrscheinlichkeit ein Anruf, der Sie sowohl gedanklich, als eventuell auch körperlich auf einen ganz anderen Trip bringt – und schon ist jeder Fokus spurlos verschwunden! Ganz ohne Zauberei – und leider auch gar nicht magisch.

Um fokussiert zu sein, müssen wir demnach einen Weg finden, so viele Ablenkungen wie möglich, auch wenn sie noch so schön sind, auszuschalten. In Hollywood werden viele Drehbücher von Autoren verfasst, die sich für einige Tage, von der Außenwelt abgeschieden, irgendwo verschanzt haben, um ihr Manuskript fertigzustellen. So kann der Gedankenfluss nicht unterbrochen werden und der Autor ist sehr viel effektiver und kann in wesentlich kürzerer Zeit sein Werk fertigstellen, um danach auch den Kopf für neue Dinge freizuhaben.

Wir alle haben – vorausgesetzt wir sind gesund – 100 Prozent Energie zur Verfügung. Wenn Sie aber an vier Baustellen gleichzeitig aktiv sind, haben Sie rein rechnerisch jeweils nur 25 Prozent Leistung pro Baustelle. Dadurch werden Sie für alles insgesamt länger brauchen. Bei zwei Baustellen sieht die Lage schon besser aus. Doch im besten Fall haben Sie einfach ein einziges Projekt, um das sich alles dreht, auf dem Ihr ganzer Fokus ist. So werden Sie am sichersten und schnellsten die Zielgerade erreichen. Sie sagen, dass das in Ihrem Alltag nicht möglich ist? Ich bin mir sicher, dass es viel öfter möglich ist, als sie denken. Und selbst wenn Sie natürlich viele Verpflichtungen haben, die Sie erfüllen müssen, versuchen Sie immer nur eines nach dem anderen abzuarbeiten und sich dann jeweils zu 100 Prozent auf das zu konzentrieren, was sie gerade machen. Dazu gibt es eine wunderbare Geschichte aus dem Buddhismus, die Sie vielleicht schon einmal gehört haben. Aber sie passt hier – geradezu magisch. Also kann man sie ruhig noch einmal mit vollem Fokus lesen.
Ein Meister wurde einmal gefragt, warum er trotz seiner vielen Beschäftigungen immer so glücklich sein könne. Er sagte: „Wenn ich stehe, dann stehe ich, wenn ich gehe, dann gehe ich, wenn ich sitze, dann sitze ich, wenn ich esse, dann esse ich, wenn ich liebe, dann liebe ich.“ Da fielen ihm die Fragesteller ins Wort und meinten: „Das tun wir ja auch, aber was machst du darüber hinaus? Was ist dein Geheimnis?“ Der Mann wiederholte nur: „Wenn ich stehe, dann stehe ich, wenn ich gehe, dann gehe ich, wenn ich … „ Und wieder

unterbrachen ihn die anderen und riefen: „Aber das tun wir doch auch!“ Doch da sagte er: „Nein – eben nicht. Wenn ihr sitzt, dann steht ihr schon, wenn ihr steht, dann lauft ihr schon und wenn ihr lauft, dann seid ihr schon am Ziel.“ Eine magische Geschichte.

Die richtige Entscheidung und die richtige Formulierung

Sie sollten also für jede Tätigkeit Ihren Fokus finden. Doch entscheiden Sie weise, worauf Sie Ihre ganze Aufmerksamkeit richten möchten! Wenn es um bestimmte Ziele geht, formulieren Sie Ihren Fokus laut und denken Sie kurz darüber nach. Denn alles, worauf wir unsere gesamte Energie richten, nimmt zu – Sie werden immer mehr davon bekommen. Gleiches zieht Gleiches an. Menschen, die beispielsweise Gewicht verlieren möchten, machen immer wieder den Fehler, dass sie sich zu dick fühlen, glauben, dass sie zu viel essen. Und das sagen sie auch laut. Genau dieses Gefühl intensivieren sie natürlich mit jedem Mal, wenn sie darüber nachdenken. Ihr Fokus liegt auf all dem Essen, dass sie nicht essen dürfen, den Trainingseinheiten, die sie nicht absolviert haben und so weiter. Hier hilft es, einfach den Fokus zu verlagern: Sie müssen sich selbst schlanker vorstellen und sich vorstellen wie diese leichtere Version von Ihnen ihren Alltag durchlebt. So liegt die gesamte Aufmerksamkeit auf dem tollen Gefühl, sich in seinem Körper wohlzufühlen. Am besten, Sie schauen sich dazu inspirierende Bilder und Videos an und richten sich genau auf das, was Sie haben möchten, statt auf das, was Sie nicht mehr haben möchten.

Fokus Körper und Fitness

Beim Fitnesstraining verhält es sich ähnlich: Die meisten Menschen wollen entweder viel zu viel auf einmal, oder sie trainieren einfach so, weil es gerade in ist oder es alle in ihrem Freundeskreis tun. So fehlt ganz klar ein konkreter Fokus. Wie heißt es in einem Sprichwort so schön: „Wenn du nicht weißt, wo du hin willst, ist kein Weg der richtige“. Hier muss man dem Volksmund wohl rechtgeben.

Viele Menschen gehen ins Fitnessstudio, um „schlanker“ zu werden. Doch was ist das für eine Aussage? „Schlank“ ist absolut relativ und bedeutet für jeden etwas Anderes. Auch hier entsteht durch eine präzise Zieldefinition ein kraftvoller Fokus, der Motivation mit sich bringt. Wenn das Ziel eindeutig ist und Sie wissen, wo Sie hinwollen, können Sie einen Plan machen. Personal Trainer sind in diesem Bereich wirklich gut. Sie sorgen dafür, dass Sie nicht einfach irgendwo hin laufen und sich vermutlich vergaloppieren. Sie bringen Sie immer wieder zurück auf den richtigen Weg und behalten gemeinsam mit Ihnen Ihr Ziel im Auge.

Es ist erstaunlich, zu welchen Transformationen Ihr Körper fähig ist, oft sogar innerhalb kürzester Zeit, wenn Ihr Fokus klar ausgerichtet ist (siehe Kapitel „Jede Bewegung zählt“). Das Internet ist voll von diesen Erfolgsgeschichten. Und bei vielen Menschen hat sich die Veränderung der körperlichen Fitness auf ihr gesamtes Leben ausgewirkt. Dieser Faktor ist nicht zu unterschätzen. Ein „anderer“ Körper sorgt auch für eine andere Wahrnehmung. Damit verschieben sich viele Dinge, meist sehr zum Positiven. Wenn Sie noch nie Krafttraining gemacht haben, ist das Resultat beeindruckend! Sie werden wirklich überrascht sein, was mit Ihrem Körper alles passiert.

Auch eine gute Metapher ist das Fotografieren, wenn wir davon ausgehen, dass mit einer Spiegelreflexkamera und nicht mit dem Smartphone fotografiert wird. Wenn Sie nun ein konkretes Objekt vor der Linse haben, dann stellen Sie dieses scharf, während alles andere unscharf in den Hintergrund tritt. Es heißt, dass wir immer nur in einem Bereich in unserem Leben richtig gut sein können. Vielleicht ist Ihnen das auch schon aufgefallen, wenn wir irgendwo Hochleistung erbringen, gibt es andere Dinge, die wir zwangsweise vernachlässigen. Welcher Bereich ist Ihnen in Ihrem Leben gerade besonders wichtig? Ist das gut so? Wenn nicht, könnten Sie darüber nachdenken. Und vielleicht verschieben Sie dann Ihren Fokus, um in einem anderen Bereich neue Chancen zu entdecken.

Der Fokus eines Menschen kann über viele Dinge entscheiden. Auch bei Leistungssportlern wird wahrscheinlich derjenige gewinnen, der den besten Fokus hat und das Ziel somit am klarsten sieht. Ich habe vor Kurzem einen Vortrag von Olympiasieger Nathan Douglas gehört, dem es gelungen ist, 17,64 Meter weit zu springen! Das ist eigentlich unmöglich, doch er hat es geschafft. Was glauben Sie, wie stark er wohl direkt vor dem Sprung fokussiert war? Für ihn gab es nur dieses eine Ziel – 100 Prozent Fokus, 100 Prozent Leistung auf den Punkt gebracht.

Warum ich hier ständig beim Thema Sport und Körper bleibe? Gerade wenn es um Großillusionen geht, ist körperliche Fitness in der Zauberei sehr wichtig. Auf der Bühne ist es – selbst mit Helfern – manchmal fast Hochleistungssport. Die großen Kisten müssen rauf und runter von der Bühne, das Set muss umgeräumt werden, das gesamte Equipment muss immer mitgeschleppt werden. Darüber denkt das Publikum natürlich nicht nach, denn im Idealfall sieht alles ganz leicht aus – doch auch das ist mal wieder nur eine Illusion.

Das zweischneidige Schwert

Das hier ist eigentlich nur eine kleine Zwischenbemerkung, die ich aber auch wichtig finde:
Es kann sein, dass wir uns irgendwann im Leben sehr auf eine andere Person fokussieren. Wahrscheinlich eher privat als beruflich. Hier ist dann das gleiche Phänomen zu beobachten: Wir sind so fokussiert, dass alles andere zu verschwimmen beginnt, denn nur noch dieser eine Mensch zählt und ist das Zentrum unserer gesamten Aufmerksamkeit. Dann ist der Fokus jedoch ein zweischneidiges Schwert und birgt auch eine große Gefahr: Durch die starke Fokussierung wird unsere Wahrnehmung nur in Bezug auf diese eine Person geschärft. Gleichzeitig entgehen uns wichtige Dinge darum herum, wir nehmen Warnsignale nicht wahr. Wir vernachlässigen andere Dinge und Personen. Damit laufen wir nicht nur Gefahr, sie

zu verlieren. Wir machen uns auch abhängig und können enttäuscht und verletzt werden. Übrigens, um dieser Aussage den Tenor eines Liebesdramas zu nehmen: Es kommt auch vor, dass wir uns zu sehr auf ein bestimmtes Projekt fokussieren und blind werden für alles, was darum herum stattfindet. Neben dem zielgerichteten Fokus jegliche weitere Wahrnehmung auszuschalten, ist ein gefährlicher Weg. Egal, wie fokussiert Sie sich einer Sache oder einer Person annehmen, vergessen Sie dabei nicht, den Fokus auch immer noch auf sich zu lenken, auf Ihre Bedürfnisse, Ihre körperliche, psychische und soziale Gesundheit. Fokus heißt dabei allerdings nicht Verbissenheit oder Wahn.

Im Fokus der anderen

Auch um Menschen zu führen, ist Ihr Fokus wichtig. Je genauer Sie wissen, wo Sie hinwollen und am besten noch warum, desto besser können Sie dies an Ihr Team übermitteln. Die Teammitglieder werden sich dann als Teil von etwas Größerem fühlen und haben auch ein klares Ziel vor Augen.

Wenn Sie eine Präsentation oder einen Vortrag halten, verhält es sich mit dem Fokus ähnlich wie bei mir, wenn ich mitten in einer Zaubershow bin. Denn hier geht es nicht nur darum, selbst fokussiert zu sein, sondern auch darum, den Fokus der Zuhörer bzw. Zuschauer zu führen, also die gesamte Aufmerksamkeit Ihres Publikums zu haben – genau dort, wo Sie sie haben möchten. Ihr Publikum wird es wahrnehmen, wenn Sie ganz bei der Sache sind und sich so selbst tiefer auf den präsentierten Inhalt einlassen. Der Fokus fällt umso stärker aus, je mehr es Ihnen gelingt, Spannung aufzubauen – dann „haben“ Sie die Zuschauer “am Haken“, denn Menschen lieben Geschichten und wollen unbedingt wissen, wie sie ausgehen. Die ganze Aufmerksamkeit bekommen Sie auch, wenn Sie eine Überraschung in Ihr Programm einbauen. Wenn mitten im Vortrag etwas total Unerwartetes geschieht, haben Sie sofort die ungeteilte Aufmerksamkeit. Garantiert.

Wie sehr wollen Sie es wirklich?

Die Frage, die sich bei allen wichtigen Dingen im Leben stellt ist: Wie sehr wollen Sie es wirklich? Sind Sie bereit, dafür 100 Prozent Energie einzusetzen? Wenn Sie es wirklich wollen, werden Sie einen Weg finden. Denn dann ist es Ihnen richtig wichtig und Sie sind bereit, alle Ressourcen zu mobilisieren. Wenn nicht, werden Sie Ausreden finden. Haben Sie Ihre Antwort gefunden, dann fokussieren Sie sich auf diese eine Sache, laufen Sie los und machen Sie Ihr Ding! Ich verspreche Ihnen, die Ergebnisse werden magisch sein. Schon allein, weil die meisten Menschen nicht den Elan aufbringen können, etwas zu Ende zu führen – sie bleiben irgendwo auf der Strecke liegen. Aber Sie nicht! Und schon gar nicht, wenn Sie sich mit den richtigen Gedanken füttern – dazu mehr im nächsten Kapitel.

Kapitel Fünf
Die Magie der Gedanken

In meinen Shows lese ich regelmäßig die Gedanken verschiedener Zuschauer. Am liebsten lasse ich sie dabei an etwas denken, das sie schon immer einmal tun wollten in ihrem Leben. Das löst sofort unterschiedlichste Gefühle aus und macht es mir einfacher, einen ihrer Gedanken einzufangen, den ich dann auf eine große Tafel schreibe, die mit der Rückseite zum Publikum steht. Dann lege ich den Stift aus der Hand, frage die Person, woran sie gedacht hat. Wenn ich dann meine Tafel umdrehe, ist das Staunen groß: Denn hier habe ich immer exakt das notiert, woran der Zuschauer gedacht hat, beziehungsweise eben genau das, was er schon immer einmal tun wollte. Wenn Sie nun gehofft haben, ich würde Ihnen hier verraten, wie ich das mache, muss ich Sie leider enttäuschen. Es gehört zum Magier-Ehrencodex, diese Geheimnisse zu hüten. Aber immerhin: Sie lesen ja gerade meine Gedanken hier in diesem Buch, das ist doch schon ein Anfang.

Und jetzt geht es nicht um die Gedanken anderer, sondern vor allem darum, wie Ihre Gedanken Ihr Leben verzaubern und verändern können.

60.0000 Gedanken etwa denken wir pro Tag. Die meisten davon laufen natürlich unbewusst ab. Und, auch wenn wir das nicht ändern können und wollen, liegt darin eine Gefahr. Denn es ist ein magisches Gesetz: Gedanken sind immer bestrebt, sich zu verwirklichen. Gedanken werden Dinge. Sie werden Sätze, Ideen, Konzepte, Erfindungen, Bauwerke, Beziehungen. Man muss mit Gedanken also auch sorgsam umgehen. Schon der Philosoph Immanuel Kant sagte „Die Gedanken sind frei“ – und das ist ja auch gut so. Doch, wie ich schon einmal früher in diesem Buch erwähnt habe: Jede Idee ist aus einem Gedanken entstanden. Ein schlechter oder, wenn es das gibt, ein böser Gedanke führt selten zu einer tollen Idee. Wobei das natürlich auch wieder auf die persönliche Wahrnehmung und die persönliche Realität ankommt, aber wir wollen uns hier nicht verzetteln. Halten wir fest: Gedanken sind die Grundlage jeder Idee.

Erschreckend ist leider, dass die meisten Menschen immer und immer wieder dieselben Gedanken denken. Und dann wundern sie sich am Ende, warum sich in ihrem Leben nichts verändert. Sie ziehen um, kaufen neue Kleider, wechseln den Job, aber sie behalten immer die gleichen Gedanken: „Ich könnte doch … viel besser“ zum Beispiel. Für die meisten ist es einfacher, Äußerlichkeiten zu verändern, statt neue Gedanken zuzulassen. Dabei können wir mit unseren Gedanken viel mehr in Bewegung bringen als nur mit unserem Körper. Die Kraft der Gedanken ist wie Magie. Sie kann das Unmögliche möglich machen. Wenn aus: „Ich könnte doch … viel besser“ wird „Was, wenn ich es ab sofort so und so mache?“ oder noch besser „Ich versuche es jetzt einfach mal.“ und ganz optimal: „Ich mache es jetzt.“, dann sind das zwar alles zunächst nur Gedanken. Welcher aber führt wohl zu etwas Neuem?

Wir alle bewegen Dinge mit unseren Gedanken. So kann man sagen, dass wir alle magisch agieren. Jetzt kommt es nur noch darauf an, die Dinge in die richtige Richtung und an den richtigen Platz zu bewegen. So erklärt sich auch der alte Spruch „Materie folgt dem Geist“, was nichts anderes heißt, als dass sich die Dinge so gestalten werden, wie Sie es sich in Ihrer Gedankenwelt ausmalen. Sie sehen, auch Sie können zaubern. Wie wäre es also mit einem neuen Gedanken für Ihr Leben?

Gedankenspiel
Suchen Sie sich den Gedanken an irgendetwas Schönes heraus, das sie gerne öfter oder überhaupt einmal erleben möchten, sei es etwas aus Ihrem Privatleben, aus Ihrer Freizeit, Ihrem Berufsleben. Vielleicht haben Sie ein besonders schönes Restaurant im Kopf, in das Sie Ihren Traummann/Ihre Traumfrau gerne entführen würden? Oder Sie stellen sich vor, wie Sie den Sonnenuntergang in einem mit warmem Wasser gefüllten Whirlpool auf einer Dachterrasse genießen? Vielleicht denken Sie an Ihren Traumurlaub, eine Reise quer durch das australische Outback? Eine Beförderung? Die Unterzeichnung eines entscheidenden Vertrages? Ein sportlicher Sieg? Ihrer Fantasie sind keine Grenzen gesetzt.

Nun verändern Sie diesen Gedanken. Ändern Sie die Farbe, die Größe, die Zeit, in der er spielt, die beteiligten Personen, Ihre Einstellung zu diesem Gedanken. Stellen Sie ihn einfach völlig auf den Kopf, Sie sind darin ganz frei. Das Restaurant hat eine andere Einrichtung, der Sonnenuntergang ist am Strand unter einer Palme. Sind Sie da mit derselben Person? Sie reisen nicht durch Australien, sondern durchs Eismeer. Die Gehaltserhöhung ist viel größer als gedacht. Bleiben Sie bei positiven Varianten, wir wollen ja nicht lernen, wie man sich runterzieht. Beobachten Sie, wie sich das für Sie anfühlt, und schließlich auch, was sich dadurch in der Außenwelt verändert. Können Sie die Magie spüren? Das ist erst einmal gar nicht so einfach. Schließlich haben Sie diese Wünsche, Träume, Ziele doch schon länger. Warum sie jetzt plötzlich ändern? Weil sie dann plötzlich näher sind, möglicher oder sogar noch schöner?

Wenn Ihnen der erste Teil der Übung gelingt und es Ihnen Spaß macht, nehmen Sie sich noch andere Gedanken vor und fangen an mit ihnen zu spielen. Oder erfinden Sie ganz neue Gedanken, Wünsche, Vorstellungen, die Sie noch nie im Leben gedacht haben, vielleicht dass Schokoriegel an Bäumen wachsen. Durch solche ver-rückten Gedankengänge trainieren Sie, über die gewohnten Grenzen hinauszudenken. Damit sind Sie bereit für den nächsten Schritt: Wie wäre es, wenn Sie nun darüber nachdenken, was Sie tun würden, wenn alles möglich wäre? Wenn Sie genug Zeit hätten? Geld keine Rolle spielen würde? Ich garantiere Ihnen, das wird Ihren Horizont erweitern und Sie der Erfüllung Ihrer Träume näher bringen. Sie müssen, nein, Sie dürfen diese neuen Gedanken nicht sofort bewerten. Denken Sie sie erst einmal – und schreiben Sie sie auf. Vielleicht in Ihr Zauberbuch, zu dem wir später noch kommen.

Vorschriften lähmen Gedanken

In der Außenwelt sind wir überall begrenzt. Überall gibt es Vorschriften, Einschränkungen, Warnhinweise. „Halteverbot", „Aufzug im Brandfall nicht benutzen", „Achtung rutschiger Flur", „Lassen Sie Ihr Gepäck nicht unbeaufsichtigt", „Kein Trinkwasser", „Bitte ziehen sie hier eine Nummer", „Eltern haften für ihre Kinder". Natürlich ist eine gewisse Ordnung wichtig, damit in der Welt alles seinen Gang geht. Doch durch diese ständigen Verbote, Hinweise und Anweisungen sind wir nicht gerade darauf konditioniert, das Unmögliche zu denken. Das ist etwas, was wir uns erst aneignen müssen. Fangen Sie erst einmal mit kleineren Schritten an. Vielleicht wollen Sie gar nicht das Unmögliche denken – es reichen ja auch schon angenehme Gedanken, mit denen Sie sich wohlfühlen. Wo möchten Sie den nächsten Sommerurlaub verbringen? Beobachten Sie, welche Bilder dazu in Ihnen aufsteigen, und ich bin mir fast sicher, dass sie Ihre momentane Stimmung positiv beeinflussen werden. Also legen Sie los und verzaubern Sie sich selbst mit Ihren eigenen schönen Gedanken. Viele davon werden zu Ideen, Aktion, Dingen werden. Weil Sie es sich genau so vorgestellt haben. Wenn Sie erst einmal alle Ihre inneren Vorschriften vernachlässigen, dann können Sie sich auch dem Unmöglichen nähern.

Sichtbar gewordene Gedanken

Machen Sie sich bewusst, dass Sie jeden Tag durch eine Welt von sichtbar gewordenen Gedanken laufen. Alles um Sie herum, jedes einzelne Detail war erst einmal nur ein Gedanke von irgendjemandem, irgendwo auf der Welt zu irgendeiner Zeit. Wie würde die Welt wohl heute aussehen, wenn Person X diesen Gedanken nicht gehabt hätte? Oder erst zu einer anderen Zeit? Oder jemand anderes hätte diesen Gedanken gehabt? Schon würde die Außenwelt anders aussehen. Ich habe es schon einmal betont, aber dieser Gedanke (schon wieder) ist auch wichtig: Jede Erfindung, die jemals gemacht wurde und jemals gemacht werden wird, geht auf einen Gedanken zurück. Besonders amüsant dazu finde ich folgendes Zitat von Charles H. Duell, der 1899 als Chef des US-amerikanischen Patentamtes davon überzeugt war: „Man kann das Patentamt jetzt schließen, mit neuen Patentanmeldungen ist nicht mehr zu rechnen: Es gibt nichts Neues mehr. Alles, was man erfinden kann, ist schon erfunden." Also dieser Mann war mit Sicherheit kein Zauberer, sonst hätte er eine bessere Vorhersage der Zukunft getroffen.

Verrückte Gedanken sind oft der richtige Weg

Schon der kleinste Gedanke kann eine große Wirkung haben. Ein geniales Beispiel dafür ist Walt Disney. Dieser Mann war ein echter Visionär und hat die Welt verändert. Auch wenn seine Persönlichkeit wohl viele Facetten hatte, so ist es ihm auf alle Fälle gelungen, etwas ganz Großes zu erreichen und das Leben von Millionen, wenn nicht schon Milliarden Menschen zu bereichern. Einst hatte er einfach nur den Gedanken von einem Park, in dem Familien am Wochenende gemeinsam Freude erleben sollten. Alle hielten ihn für verrückt und waren der Meinung, niemand würde in diesen Park gehen. Aber Walt Disney hat an seinen Gedanken geglaubt und ihn umgesetzt. Hinter Disneyworld steckt heute ein Milliardenkonzern und es gibt Disney-Parks auf drei Kontinenten. Und das alles ist entstanden aus EINEM GEDANKEN! Das ist für mich echte Magie.

Und jetzt zu Ihnen: Wie möchten Sie die Welt verzaubern?
Disney ist ein sehr gutes Beispiel dafür, was aus „verrückten“ Ideen entstehen kann. Wenn die Menschen um Sie herum meinen, Sie seien verrückt geworden, sind Sie wahrscheinlich auf dem richtigen Weg. Die meisten Menschen können nicht so gut damit umgehen, wenn man ausgetretene Pfade verlässt und seinen eigenen Weg geht. Wenn man einfach ein bisschen die Realität ver-rückt. So ging es mir ja auch. Man wird schließlich nicht einfach Zauberkünstlerin. Ich dachte lange, es wäre „besser“ und vor allem viel einfacher, bei einer Versicherung zu arbeiten. Sobald Sie mit neuen Gedanken in die Welt treten, werden Sie Gegenwind zu spüren bekommen. Das ist ganz normal. Auf eine neue Ursache folgt eine neue Wirkung. Aber vergessen Sie nie: Es ist Ihre Show!

Ich hatte lange den Gedanken (oder nennen Sie es Traum) von einem eigenen Buch. Ja, ich war richtig fasziniert von dem Gedanken, eines Tages in eine Buchhandlung zu kommen und dort mein Buch stehen zu sehen. Ich habe diesen Gedanken immer aufs Neue gedacht, als ich eine Buchhandlung betrat (glauben Sie mir, ich war in ziemlich vielen Buchläden an verschiedenen Orten auf der Welt) und jetzt scheint sich dieser Gedanke zu verwirklichen (ich kann es, während ich dies schreibe, selbst noch kaum glauben). Das heißt aber, wenn Sie gerade dieses Buch in der Hand halten ist mein Gedanke bereits vollumfassend Realität geworden. Vielleicht möchten Sie auch ein Buch schreiben oder einen Blog oder einen Artikel für eine Zeitschrift? Nun, ich denke, Sie wissen inzwischen, wie das funktioniert.

Kleiner Einschub: Gedanklicher Gruselfaktor

Vor Jahren haben wir im Familienkreis einen gemütlichen Nachmittag mit Kaffee und Kuchen bei uns zu Hause veranstaltet. Damals, als die Zauberei noch mein Hobby war, hieß es natürlich trotzdem immer „Kannst du uns etwas vorführen?“ (Müssen Briefmarkensammler eigentlich auch immer ihre Sammlung zeigen?)

Egal. Ich holte also meinen Zauberkoffer und begann mit dem Unterhaltungsprogramm. An diesem Nachmittag beschloss ich, auch Gedanken zu lesen. Unsere Nachbarin war ebenfalls eingeladen und sie war mein „Opfer". Opfer allerdings leider im wörtlichen Sinn, denn nachdem ich ihre Gedanken korrekt gelesen hatte, bekam sie es mit der Angst zu tun. Sie war überzeugt davon, ich könne von diesem Zeitpunkt an immer ihre Gedanken lesen, und verließ den Kaffeekranz vorzeitigt. Nun, ich ziehe es vor, nicht furchteinflößend auf mein Publikum zu wirken, doch dieser Vorfall zeigt zwei Dinge. Erstens: Als Magierin hat man tatsächlich die Fähigkeit, das Leben eines Menschen zu verändern bzw. seine Weltanschauung auf den Kopf zu stellen – wenn ich das auch lieber im positiven Sinn bewirke. Und zweitens, und das ist viel entscheidender: Menschen scheinen sich irgendwie schuldig zu fühlen oder haben Angst davor, dass sie nicht die richtigen Gedanken denken.

Vermutlich hat die arme Nachbarin von jenem Moment an mit einer Aluhaube auf dem Kopf geschlafen, um ihr Gedankengut zu schützen. Doch ich muss sie enttäuschen, soweit ich weiß, schützt das nur davor, dass die Gedanken von Außerirdischen angezapft werden können, nicht jedoch vor meiner Zauberkunst. Aber vielleicht bin ich ja doch gefährlich, zumindest für manche Menschen und wohl eher auf eine positive Art. Denn Gefahr kann auch etwas Gutes haben, sie macht uns wach und präsent, wir sind konzentrierter als sonst. Also passen Sie immer gut auf!

Kapitel Sechs
Schlechte Tage und die Macht dunkler Gedanken

Sehr interessant ist es auch, wie leicht Gedanken Angst auslösen können. Ein weiteres Indiz für ihre enorme Macht. Und ein Grund, warum ich den Gedanken sogar ein zweites Kapitel widme. Ich habe es schon erwähnt: Üben Sie mit positiven Gedanken. Denn dunkle Gedanken können Sie so richtig runterziehe, das kennen Sie sicher auch. Und das Schlimme ist: Gedanken sind wie Magneten, die gleichgepolte Magneten anziehen. Mit positiven Gedanken ziehen Sie weitere positive an, mit düsteren Gedanken steigen immer noch mehr düstere auf. Die meisten Menschen sind so richtig gut darin, perfekt inszenierte Horrorszenarien im Kopf ablaufen zu lassen. Muss das sein? Wollen Sie das wirklich? Wenn nicht, steigen Sie einfach aus, wenn Sie sich dabei ertappen. Fangen Sie an, neue Gedanken zu denken, Sie spüren die Veränderung sofort.

Die Anti-Magie von Gedankenspiralen

Manche Tage sind alles andere als magisch. Und ich spreche nicht von Freitag, dem Dreizehnten. Solche Tage können plötzlich aus dem Nichts auftauchen und alles in Chaos stürzen. Eigentlich sind sie gut gelaunt aufgestanden, doch dann geht alles schief. Sie verstauchen sich schon beim Aufstehen den Fuß, bleiben auf dem Weg zum Bad an der Türklinke hängen und kaum im Bad fällt der Glitzernagellack runter und entfaltet seine ganze Pracht im auf dem Fußboden. Nein, auch Männer sind nicht geschützt. Der Kaffeefilter verteilt seinen bröseligen Inhalt an solchen Tagen auch gerne über den Küchenboden. Und natürlich geht ein solcher Tag auch genauso weiter.

Und dann kann auch etwas Gefährliches geschehen: Unsere Gedanken geraten in eine Art „Gedankenspirale“, die uns schließlich immer weiter nach unten reißt. Wir drehen immer wieder dieselben Gedanken im Kreis und denken uns damit immer weiter, Stufe für Stufe, in der Spirale nach unten. Das Erschreckende daran ist: so kreieren wir immer mehr negative und dramatische Energie und der Tag wird mit Sicherheit noch schlimmer. Ich würde das als Anti-Magie bezeichnen. Verbunden mit unseren negativen Gedanken sind natürlich auch negative Gefühle – irgendwie gelingt es uns, wenn wir so richtig in Fahrt kommen, Horrorszenarien im Kopf ablaufen zu lassen, die einer Hollywoodproduktion Konkurrenz machen könnten. Plötzlich erinnern wir uns an Dinge, die Jahre zurückliegen, die uns verletzt haben, nicht so gelaufen sind wie geplant oder uns einfach wütend gemacht haben. Alle möglichen Dinge, die wir scheinbar längst verdrängt und verarbeitet hatten, sind binnen Sekunden in Übergröße in unserem Kopf. Manchmal beginnen wir dann Selbstgespräche, die uns selbst davon überzeugen, dass das ja alles nichts werden könne, weil wir ja nie Glück haben, und die Sache da, vor vier Jahren, schließlich auch nicht funktioniert habe. Und deswegen ist das, was wir gerade gestern noch mit großer Euphorie geplant hatten, eigentlich auch eine blöde Idee. Also warum nicht einfach alles hinschmeißen.

Wenn Sie am Grund einer solchen Gedankenspirale angekommen sind – oder sich auch nur auf dem Weg nach unten befinden, zwingen Sie sich bitte, zu sich selbst ganz laut „Stopp“ zu sagen. Die Gedankenspirale muss aufgebrochen werden, damit sich neue Gedanken einstellen können.

Es gibt solche Tage im Leben eines jeden Menschen, egal, welchen Alters, Geschlechts oder welcher Nationalität. Das passiert nicht nur in Ihrem oder meinem Leben sondern ist ein alltägliches „Phänomen“, dem wir ab und an nicht ausweichen können. Solche Tage gehören nun mal dazu. Dann funktioniert die Inspiration eben

nicht, die Kreativität scheint ausgeschaltet zu sein und es stellt sich einfach kein gutes Gefühl ein, nichts mit „happy“. Versuchen Sie einfach solche Tage so schnell wie möglich hinter sich zu bringen. An jenen Tagen ist eben nicht alles möglich. Das ist okay. Es hilft auch nichts, sich mit Druck dazu zu zwingen irgendetwas zu erreichen, denn dadurch entsteht nur Gegendruck und wir sind mittendrin in unserer Spirale. Wenn möglich gehen Sie nach Hause, legen sich aufs Sofa, lesen ein Buch (möglichst ein fröhliches) oder schauen Sie sich eine Komödie im Fernsehen an. Meditieren Sie, machen Sie irgendeinen Sport, denn dadurch wird im Körper Stress abgebaut, legen Sie sich in die Badewanne (Vorsicht, nicht auf dem nassen Boden ausrutschen) oder einfach ins Bett und hören Musik. Und wenn Sie nicht von der Arbeit wegkönnen, atmen sie wenigstens ein paarmal tief ein und aus und bringen diesen Tag einfach hinter sich.
Denn morgen ist ein neuer Tag mit neuen Möglichkeiten. Viele Dinge regeln sich tatsächlich im Schlaf, wenn man sie loslässt und zur Ruhe kommt. Das ist wirklich magisch. Da ich selbst die Ungeduld in Person bin, schaffe ich das manchmal auch nicht. Ich denke dann immer, dass ich das und das noch unbedingt erledigen muss, dass die To-do-Liste ruft. Doch Fakt ist: An einem solchen Tag, an dem jede Magie fehlt, wird ohnehin nichts funktionieren. Deshalb loslassen, durchatmen, abschalten, Neustart.

Ein kleiner Hinweis an all die Drama-Queens (und -Kings) da draußen: Ich weiß, ihr liebt es geradezu solche Tage zu zelebrieren, riesige Dramen zu inszenieren und darin voll aufzugehen. Aber diese Tage meinen nicht euch persönlich, sie haben es nicht auf Euch abgesehen, sondern suchen uns alle ab und zu mal auf – meistens dann, wenn wir es am wenigsten gebrauchen können. Wenn euch das Drama glücklich macht, okay. Aber denkt vielleicht ab und zu an eure Mitmenschen und fragt euch, ob diese das Drama genauso lieben wie ihr? Und vielleicht findet ihr auch eine neue Strategie und überrascht die Umwelt mit einer noch unbekannten Seite von euch – vielleicht macht das dann noch mehr Spaß als das Drama? Und wenn ihr euch trotzdem dem Drama so richtig hingeben wollt, dann macht das bitte alleine. Wir lieben euch, aber ihr seid ganz schön anstrengend!

Negative Realitäten ändern

Gedanken besitzen große Kraft. Und daher können Gedanken auch negative Realitäten ändern. Ich habe schon bei meiner eigenen Geschichte erwähnt, dass Krankheit oder der Tod eines geliebten Menschen zwar leider etwas sein kann, bei dem jede Magie, auch die der Gedanken, versagt. Doch bei vielen anderen objektiv negativen Umständen, wenn die Dinge anscheinend in die falsche Bahn geraten sind, ist es ein hilfreicher Trick, Muster zu durchbrechen. Nach einer Trennung beispielsweise, ist es ein guter Ansatz, den eigenen Wohnraum neu zu gestalten, einfach Dinge umzustellen, ihnen einen neuen Platz und damit vielleicht eine neue Bedeutung zu geben. Nun fragen Sie sich vielleicht, ob es funktioniert, den Blumentopf auf der Fensterbank um fünf Zentimeter nach links zu verschieben, und schon ist der Trennungsschmerz weg? Ich würde sagen, probieren Sie es aus. Indem Sie in Ihrer gewohnten Umgebung Muster durchbrechen, durchbrechen Sie diese auch auf mentaler Ebene. Und oft sind es – wie in der Zauberei – die einfachsten Tricks, die die größte Wirkung haben. Lassen Sie sich von sich selbst überraschen, Sie haben doch nichts zu verlieren.

Persönliche Kraftorte

Auch eine große Hilfe in diesen Phasen sind persönliche Kraftorte, am besten in der freien Natur. Dort ist es leichter, eine neue Perspektive zu bekommen, und die Natur hat außerdem eine beruhigende Wirkung. Mein Favorit ist das Meer. Ich könnte stundenlang dasitzen und einfach auf das Meer schauen. Diese Weite macht meinen Kopf wieder auf und lässt neue Optionen zu. Aber vielleicht finden Sie Ruhe in den Bergen oder einfach auf einer Bank in ihrer Nachbarschaft. Oder in einer Kirche. Wichtig ist nur, dass dieser Ort Ihnen Ruhe gibt. Bekanntlich liegt in der Ruhe die Kraft und es ist gut, aus dieser Ruhe und Gelassenheit neue Dinge zu starten, wichtige Anrufe zu tätigen oder sich mit jemanden bzw. etwas zu versöhnen. Ich kann Ihnen nur empfehlen, sich in „guten" Zeiten solche Kraftorte zu suchen. In der Nähe Ihrer Wohnung, in der Nähe Ihrer Arbeit. Überall dort, wo sie sich oft aufhalten. Wenn dann alles schiefgeht, können Sie an Ihrem Kraftort Ihre Batterien wieder ein bisschen aufladen.

Zweifel mit Vorsicht genießen

Ich hatte erst vor Kurzem einen solchen Tag (hoffentlich habe ich ihn nicht versehentlich herbeigezaubert, weil ich dieses Kapitel schreiben wollte). Es schien sich nichts zu bewegen. Vielleicht kennen Sie das: Sie sind den ganzen Tag aktiv, bewältigen unglaublich viel, doch am Ende des Tages ist scheinbar gar nichts passiert? Das fällt bei meiner angeborenen Ungeduld auf fruchtbaren Boden und ich beginne alle möglichen Dinge infrage zu stellen. Das ist in dieser Situation überhaupt nicht hilfreich. Die Gedankenspirale wartet ja nur darauf, dass ich einsteige. Und dann kommt oft noch eine gefährliche Energie ins Spiel: Der Zweifel. Er ist deswegen so gefährlich, weil er nicht nur auf die schlechte Seite gehört. Der Zweifel hat die Macht, unsere Träume anzugreifen, unsere Angst zu schüren und uns von unseren Träumen abzuhalten. Aber: Man sollte ihn nicht komplett ignorieren, denn er kann uns auch aus einer Sackgasse führen und uns dazu bringen, unseren Weg neu zu finden. Dennoch ist er mit großer Vorsicht zu „genießen". An einem schlechten Tag sollte man ihn einfach in den Schrank sperren und ihn sich dann genauer anschauen, wenn der nächste Tag gekommen ist.

Kommen Sie in Bewegung

Wenn es ein wirklich schlimmer Tag ist, Sie also das Gefühl haben, es gehe nun gar nichts mehr, dann müssen Sie sich dort selbst wieder herausholen. Denn Sie haben es offensichtlich geschafft, jegliche Magie aus Ihrem Leben wegzuzaubern. Es ist alles festgefahren, Sie sitzen in einer Sackgasse oder sind in einem dunkeln Tunnel, in dem Sie keinen Ausgang finden können. Kein Grund zur Panik. Atmen Sie durch. An diesen äußerst dunklen Tagen ist es wichtig, dass Ihre Gedanken wieder Bewegung kommen. Auch wenn Sie das Gefühl haben, Sie könnten nicht mehr und sich am liebsten von der Welt zurückziehen würden, „begeben" Sie sich in Bewegung, gerade jetzt. Das meine ich ganz wörtlich. Gehen Sie irgendwohin und wenn es nur zum Einkaufen um die Ecke ist. Ganz egal, Hauptsache Sie bleiben nicht unbeweglich an einem Ort und damit eine Gefangene/ein Gefangener Ihrer eigenen Gedankenschleife. Machen Sie sich die beruhigende Tatsache bewusst, dass sich alles, egal in welcher Situation Sie gerade sind, wirklich alles ändern kann und wird. Ja, manchmal braucht es ein bisschen Zeit, doch Fakt ist: Die einzige Konstante in unserem Leben ist die Veränderung. Also ist es gut, etwas Vertrauen zu haben, in die Zeit – und vor allem in sich selbst. Die Roulette-Kugel dreht sich auch schon in der nächsten Runde. Und es wird wieder heißen „rien ne va plus", nichts geht mehr, und das Rad wird sich wieder drehen. Wenn die Kugel nie anfangen würde zu laufen, gäbe es auch kein „rien ne va plus", aber auch keinen Stopp der Einsätze und keinen Gewinn. Und wenn das Rad Ihres Leben nie anhalten würde – würde Ihnen nur schwindlig.

Flach oder kurvig – es ist Ihre Vorstellung

Konjunkturzyklen, Jahreszeiten, das ganze Leben, alles verläuft in Wellen. Die Wellenform scheint eine natürliche Erscheinung zu sein. Das ist also nichts Magisches. Mal geht es aufwärts und mal abwärts. Aber Sie müssen nicht immer nur zusehen. Sie können den Ausschlag Ihrer Lebenskurve – wie mit einem Zauberstab – verändern. Stellt man sich verschiedene Leben als gezeichnete Kurven vor, so gibt es Kurven, die recht flach verlaufen, ohne große Ausschläge. Andere wiederum haben große Ausschläge nach oben und nach unten. Nur in eine Richtung geht es selten. Und ich spreche hier natürlich nicht von einschneidenden Schicksalsschlägen – von denen manche behaupten, dass sie auch diese selbst in der Hand haben. Das wäre nach zynisch. Dennoch bin ich davon überzeugt, dass Sie sich für die Höhe der Wellen Ihres Lebens entscheiden können. Wenn Sie ein intensives Leben führen und tolle Höhenflüge erleben möchten, gehört es leider dazu, dass es auch mal abwärts geht. Wenn Sie das nicht möchten, können Sie ihre Kurve auch flacher halten, keine Risiken eingehen, kaum neue Wege ausprobieren. Das muss nichts Schlechtes sein. Sie müssen sich nur klar darüber sein, dass fast alle Ihre Entscheidungen Ihren Lebensweg prägen.

Mein Vater hat damals zu meiner Mutter gesagt, dass ein Leben mit ihm keine Fahrt auf einer breit ausgebauten, sichern Autobahn sein würde. Sie hat ihn trotzdem genommen. Wir alle stehen oft vor der Frage, für welche Art von Weg wir uns entscheiden. Für manche Menschen ist die Autobahn sicher das Richtige, es ist für Sie besser, die Dinge eher geradlinig anzugehen und sich nicht auf Experimente einzulassen, die von diesem Weg abweichen. Allerdings neigt man man bei langen Fahrten auf der Autobahn, bei denen es immer nur geradeaus geht, auch dazu fast einzuschlafen. Man ist kaum gefordert und schaltet auf Autopilot. Das hatten wir schon einmal weiter vorne im Buch. Unsere Gedanken sind irgendwo, unsere Wahrnehmung dämmert vor sich hin. Ganz anders, wenn Sie einen steilen Pass mit Serpentinen herunterfahren. Hier ist man echt gefordert: Bremsen, runterschalten, beschleunigen, hochschalten, aufmerksam sein. Niemand weiß, was hinter der nächsten Kurve wartet, Ihre Gedanken sind präsent, fokussiert. Im Leben braucht man beides. Die Serpentinen, um sich zu fokussieren, und die Autobahn und eine gerade Strecke, um sich von den Serpentinen zu erholen.

Kapitel Sieben
Entzauberung ... 1, 2, 3 – alles vorbei

Die Zauberwelt lebt von Illusionen. Aber auch im wahren Leben sind Illusionen manchmal gut, weil sie uns oder auch andere vor etwas schützen, was wir nicht, oder zumindest nicht zu diesem Zeitpunkt, verarbeiten können. Doch in den meisten Lebenssitzuationen sind Illusionen nicht hilfreich. Denn Sie versperren uns die Sicht, halten uns auf – und ist es an der Zeit sie aufzulösen und sich bereit für etwas Neues zu machen, weiterzugehen.

Vielleicht gab es in Ihrem Leben auch schon mal eine tragische Liebesgeschichte ohne romantisches Ende. Oder Sie haben einen Menschen auf ein Podest gestellt, auf dem Sie ihn nie wirklich erreichen konnten. Oder Sie haben angefangen eine Kollegin zu beneiden, der scheinbar mühelos alles gelingt, was Sie auch gerne erreichen wollten. Diese Dinge können das Leben wirklich anstrengend und mühsam machen. Dabei geht es eigentlich nur um Illusionen. Die Wahrheit ist: Nicht jede Liebesgeschichte endet glücklich. Kein Mensch ist so perfekt, dass er auf einen Sockel gehört (also zumindest wahrscheinlich kein Mensch in ihrem Umfeld) und wahrscheinlich musste Ihre Kollegin für das, was sie erreicht hat, viel mehr ackern, als sie es je zugeben würde.

Die Faszination des Neuen

Auch Neues bewirkt oft eine Illusion. Dinge und Menschen sind aufregend, wenn sie neu sind. Kauft man sich eine tolle Uhr, die man schon immer haben wollte, ist der Moment, in dem wir uns den Wunsch erfüllen, toll. Allerdings schwindet die Wirkung bald und dann ist es einfach nur eine Uhr, die irgendwo in der Schublade liegt, und ein neuer Gegenstand hat oft schon unsere Begierde geweckt. Der Zauber der Uhr ist verflogen.

Ähnlich verhält es sich, wenn wir jemanden neu kennenlernen. Alles ist super, nichts bringt uns aus der Ruhe, wir sind bereit, uns auf neue Dinge einzulassen, und unser Traummann oder unsere Traumfrau scheint keinerlei Fehler zu haben, was für ein geniales Gefühl! Wir könnten die Welt erobern. Doch mit der Zeit entdecken wir dann doch Dinge, die uns stören. Wir gewöhnen uns an den neuen Menschen in unserem Leben, der nun nicht mehr so neu ist, und unsere Faszination scheint langsam zu schwinden.

Täuschung und Ent-Täuschung

Oder wir entdecken Tatsachen, die uns eine Illusion zerstören. Wenn Sie zum Beispiel ein Buch mit inspirierenden Geschichten lesen, in dem genau erklärt wird, wie das Leben nach Erfolgsformel X funktioniert. Doch dann erfahren Sie, dass der Autor eigentlich ein völlig anderes Leben führt als das, welches er in seinen Texten bewirbt und an die Leser weitergibt. Findet man dies heraus, ist es meist eine große Ent-täuschung oder anders ausgedrückt ein Ende der Täuschung. Und es kann auch Situationen geben, in denen vielleicht exakt das unsere Rettung ist: die Täuschung zu enttarnen, eine Angelegenheit zu entzaubern, ihr also jegliche Magie zu nehmen, um auf den Boden der Tatsachen zurückzukommen und sich neu zu orientieren. Dann kann die Enttäuschung, die Desillusionierung sogar eine große Hilfe sein. Sie stehen dann vor der Wahrheit – die aber nicht der schlechteste Nährboden dafür sein kann, ihre eigene Magie zu entfalten.

Es gibt eine Illusion, mit der wir Zauberer gerne einmal flirten, die Sie aber unbedingt auflösen sollten, wenn Ihr Leben mit ihr in Berührung kommt, und das ist die Angst. Die Angst ist in unserem Leben unser größter Feind, denn sie blockiert uns und manchmal lähmt sie uns sogar, Dinge zu tun. Um sie geht es im nächsten Kapitel.

Kapitel Acht
Das Spiel mit der Angst

Eine große Vision verleiht noch größere Flügel als Angst.

(Wadim Korsch)

Magie wird erst einmal als angenehme, positive Unterhaltungsform wahrgenommen. Doch auch hier verbergen sich wirklich gefährliche Elemente – wie das Spiel mit der Angst. Das ist manchmal reine Illusion, doch manche Magier gehen für den Adrenalinkick auch einen Schritt zu weit und haben dafür schon mit dem Leben bezahlt.

Eine sehr gefährliche Illusion, vor der auch ich Angst habe, ist die Entfesselung, meist kopfüber eingesperrt in einem Wassertank. Dabei musst man vorher genau wissen, wie lange man die Luft anhalten kann, denn genau so viel Zeit bleibt, um sich aus dem tödlichen Wassertank zu befreien. Da der Wassertank während der Befreiungsaktion abgedeckt wird, kann nicht einmal das eigene Team sehen, ob die Entfesselung gelingt oder nicht bis der Magier wieder auftaucht. Diese Illusion hält das Publikum im wahrsten Sinne des Wortes in Atem, doch sie hat einen hohen Preis und ich habe zu großen Respekt vor ihr, um sie je in mein Programm aufzunehmen. Eine andere gefährliche Illusion ist die des Kugelfangs auf der Bühne. Eine Pistole wird mit einer markierten Kugel geladen. Der Magier steht am einen Ende der Bühne, oft hinter einer Plexiglasscheibe. Auf ein Zeichen des Magiers hin betätigt ein am anderen Bühnenende den Auslöser und die Kugel überquert mit Schallgeschwindigkeit die Bühne und wird im Idealfall vom Magier mit den Zähnen aufgefangen. Es handelt sich exakt um das zuvor vom Zuschauer gekennzeichnete Projektil! Ein wirklich erstaunlicher Effekt, bei dem so mancher Zuschauer zögert und mit sich kämpft, den Abzug zu betätigen. Wer will schon einen Zauberer erschießen! Und leider ist dieser Trick keine reine Illusion. Er wird auch nur von einer Handvoll Magier auf der ganzen Welt vorgeführt. Ein Fall ging in die Geschichte der Zauberei ein. Der sehr bekannte und erfolgreiche Magier Chung Ling Soo hat genau bei dieser Illusion vor vielen Jahren sein Leben auf der Bühne und vor seinem Live-Publikum verloren.

Lebendig begraben

Aus meiner Sicht die gefährlichste Illusion in der magischen Welt ist es, sich lebendig begraben zu lassen. Dabei spricht man natürlich eine starke menschliche Angst an, die vor allem früher weit verbreitet war: Die Angst, tatsächlich begraben zu werden, obwohl man nur scheintot ist. Aufgrund dieser Angst wurden übrigens früher in die Särge sogar Seile mit Glocken eingebaut, sodass die „Untoten" die Möglichkeit hatten, die Glocken zu läuten, wenn sie zum falschen Zeitpunkt beerdigt worden waren!

Nun sollte man doch eigentlich froh sein, am Leben zu sein. Dennoch gibt es Magier, die sich mit dieser Angst befassen und sich bei lebendigem Leib begraben lassen. Das ist dann meistens ein riesiger Presserummel. Der amerikanische Magier Criss Angel, der für seine skurrile Magie bekannt ist, machte daraus eine Riesen-Show, die auch live im Fernsehen und in Anwesenheit seiner Familie übertragen wurde. Erst wurden seine Mutter und seine Freundin befragt, ob sie denn Angst um ihn hätten. Dann gingen die Kameras auf ein frisch ausgehobenes Grab auf einem Friedhof. Es regnete, was die Stimmung noch unheimlicher machte und Criss ließ sich begraben und mit Erde zuschütten. Dann passierte lange nichts – eine geradezu unerträgliche Stille breitete sich aus. Alle standen in atemloser Spannung da und atmeten erst auf, als nach einigen Minuten zuerst eine Hand aus der nassen dunklen Erde herauskam und schließlich Criss lebendig aus dem Grab aufstand. Für einen anderen Magier, mit dem Künstlernamen „Amazing Joe", nahm die gleiche Illusion ein finsteres Ende. Der Kollege wollte das Drama noch steigern und beschloss, sich von Beton begraben zu lassen. Doch er hatte das immense Gewicht dieser Masse nicht korrekt errechnet und wurde tatsächlich von den Betonmassen vor laufender Kamera lebendig begraben. Er hatte keine Chance – sein Team ebenfalls nicht, man konnte ihn nicht rechtzeitig retten. Für die Zuschauer vor Ort und vor allem für seine Familie ein schwerer und bleibender Schock.

Natürlich ist Magie ist nicht immer ganz ungefährlich wenn es um Pyroeffekte und Feuer geht. Ich denke, in diesen Fällen ist eine gesunde Angst hilfreich, und wie wir gesehen haben, kann sie einen sogar am Leben halten, wenn man von manchen Dingen einfach die Finger lässt.

Verrückte Ängste

Doch wie sieht es mit Ängsten in Ihrem Leben aus? Dazu muss man wissen: Es gibt nur zwei Arten von Angst, die dem Menschen angeboren sind: die Angst vor lauten Stimmen und die Angst vor dem Fallen. Diese Ängste haben genau einen Zweck: uns am Leben zu erhalten. Aber was glauben Sie, an wie vielen Ängsten Menschen leiden können? Ich habe angefangen zu recherchieren und irgendwann aufgehört. Ich fürchte, die Zahl geht ins Unendliche. Aber ich konnte nicht widerstehen, hier doch ein paar davon aufzuführen. Sie werden sehen, es wird von Zeile zu Zeile abstruser.

Wir kennen die Höhenangst, die Platzangst, die Verlustangst, die Flugangst, die Angst vor Aufzügen, die Angst davor, alleine zu sein, die Angst vor Krankheiten, die Angst zu sterben, die Angst vor dem Versagen, die Angst vor dem Unbekannten, die Angst davor, was andere Leute denken oder sagen werden, die Angst vor Erfolg, die Angst vor Reichtum, die Angst vor Imageverlust, die Angst davor, einen Fehler zu machen, die Angst vor Neuem und so weiter. Und es dann gibt es noch diese wunderbaren lateinischen Übersetzungen: Angst vor Freitag dem 13. (Trisakaidekaphobie), Angst vor Knoblauch (Alliumphobie), Angst vor Blumen (Anthophobie), Angst davor, dass Erdnussbutter am Gaumen hängen bleibt (Arachibutyrophobie), Angst vor Büchern (Bibliophobie), Angst vor Fahrrädern (Cyclophobie), Angst vor guten Neuigkeiten (Euphobie), Angst vor herabstürzenden Satelliten (Keraunothentophobie).

Dies sind nur einige aus einer gefühlt endlosen Liste und ich denke, Ihnen ist klar, worauf ich hier hinauswill. Ich möchte nicht despektierlich gegenüber Menschen sein, die an einer dieser Ängste wirklich leiden. Aber ich finde, diese Liste zeigt schon, dass viele Ängste irgendeinen Ursprung haben müssen, so seltsam dieser sein mag. Da wir eben nur mit zwei Ängsten geboren werden, heißt das doch, dass alle anderen Ängste im Laufe unseres Lebens angelernt wurden! Und das ist eine gute Nachricht, denn dann müsste man sie auch wieder verlernen können – vielleicht können Sie sie ja wegzaubern? Ich bin natürlich kein Psychiater, aber: Wovor haben Sie in Ihrem Leben am meisten Angst? Ist diese Angst wirklich real? Woher wissen Sie das? Wovor hatten Sie als Kind am meisten Angst? Haben Sie diese Angst immer noch? Wahrscheinlich nicht, weil Sie jetzt einen anderen Blick auf die Welt haben als damals. Ihre mentale Einstellung hat sich geändert und die Angst hat keine Macht mehr über Sie. Was also müsste sich ändern, damit Sie ein aktuelle Angst verlieren.

An dieser Stelle sei auch eine wichtige Sache angemerkt: Angst ist passend zur Magie, nicht real! Einige Menschen sind allerdings sehr kreativ, was die Entwicklung neuer Ängste betrifft. Dabei wäre diese Energie in anderen Bereichen Ihres Lebens so viel besser aufgehoben. Aber mit diesen Ängsten gelingt es ihnen auch, in ihrer Komfortzone zu bleiben. Eine erfolgreiche amerikanische Psychologin hat einmal gesagt, dass bei Menschen nicht der Selbsterhaltungstrieb der stärkste sei, sondern der Trieb, an gewohnten Dingen festzuhalten, also tatsächlich eine Angst vor Neuem, vor Veränderung. Haben Sie sich dabei auch schon mal ertappt? Dass Sie Angst vor etwas hatten, nur weil Sie es noch nie vorher gemacht hatten?

Es gibt keine Versicherung gegen Angst

Versicherungen verdienen sehr viel Geld mit den Ängsten der Menschen. Haben Sie eine Ahnung, gegen was man sich alles versichern lassen kann? Und fühlen wir uns dadurch wirklich sicherer? Letzten Endes ist Sicherheit nur eine Illusion. Auch wenn Sie einen sicheren Job in einer Festanstellung haben, heißt das noch lange nicht, dass Ihr weiteres Leben sicher ist. Die einzige Sicherheit, die es in unserem Leben gibt, ist die Sicherheit, dass wir alle irgendwann sterben werden. Alles andere ist nicht sicher, also ist Ihre Zukunft niemals in Stein gemeißelt, sondern hängt davon ab, welche Entscheidungen Sie treffen werden und wie Sie Ihr Leben führen werden. Dieses Gefühl löst eine Kombination von Angst und Beruhigung zugleich aus, wenn man darüber nachdenkt, nicht wahr? Aber doch auch von Spannung und Vorfreude. Angst müssten Sie nur haben, wenn Ihr Weg schon vorgezeichnet wäre, Sie keinerlei Einfluss auf Ihre Leben hätten. Also mir würde das jedenfalls eine Höllenangst machen.

Auch Verlustangst darf uns nicht lähmen

Ich schreibe hier so lässig über Ängste. Aber seit dem Tod meiner Mutter kämpfe ich selbst mit einer Verlustangst. Es fällt mir schwer, Menschen, die mir wirklich am Herzen liegen, loszulassen, auch wenn es die Umstände nun einmal nicht anders zulassen. Vielleicht kennen Sie das Gefühl. Ich denke, ein erster guter Schritt ist es, sich diese Angst bewusst zu machen, sich einzugestehen, dass sie vorhanden ist. So kann sie schon einmal nicht völlig unbeobachtet in unserem Leben ihr Unwesen treiben. Es ist nun einmal der Gang der Welt, dass Dinge geboren werden, aufblühen und irgendwann einmal sterben, wie es auch in der Natur durch die vier Jahreszeiten passiert. So ist es auch mit den Menschen in unserem Leben, auch wenn diese nicht gleich unsere physische Welt verlassen, so gehen unsere Wege eben manchmal auseinander. Dinge verändern sich und das kann sehr schmerzlich sein. Auf der anderen Seite ist es manchmal kein Abschied für immer und oft entsteht so auch Raum für etwas Neues. Aber wenn wir uns von der Angst vor Neuem lähmen lassen, kann uns das von etwas Großem oder gar dem Leben unserer Träume abhalten.

Wenn wir ganz ehrlich zu uns sind, dann ist es tatsächlich meist die Angst vor irgendetwas oder irgendjemandem, die uns daran hindert, unser volles Potenzial zu entfalten und das für uns Unmögliche möglich zu machen. Zwischen uns und dem Ziel steht eine Furcht – manchmal alleine die Furcht, das Ziel tatsächlich zu erreichen. „Pass auf, was du dir wünschst... es könnte sein, dass du es bekommst". An diesem Spruch ist wirklich etwas dran. Bevor wir uns dem zweiten Teil des Buches widmen und uns aktiv mit der Verwirklichung großer Dinge auseinandersetzen, möchte ich daher, dass Sie Ihre Ängste prüfen. Was hält Sie momentan davon ab, Ihren Traum zu leben? Haben Sie vor etwas Angst? Vor was? Was bringt Ihnen diese Angst? Möchten Sie diese Angst verlieren? Kann Ihnen jemand helfen, diese Angst zu verlieren, dann nehmen Sie diese Hilfe an.
Lassen Sie Ihre Ängste zurück, denn jetzt ist es Zeit für Ihre „Showtime". Machen Sie sich bereit, die Bühne Ihres neuen Lebens zu betreten.

TEIL II: SHOWTIME

Im zweiten Teil dieses Buches, werde ich Ihnen nun einige Anregungen und Impulse mitgeben, damit Sie für sich in Ihrem Leben das vielleicht momentan unmöglich Erscheinende möglich machen können.

Wir greifen sogar ein bisschen in die Trickkiste und schauen, welche Tools und Tricks es gibt, die Ihnen helfen können, Ihr Leben ein bisschen magischer zu machen.

Der Input ist breit gefächert, sodass sicher für jeden etwas dabei ist.
Im Zweifel gilt: Probieren geht über Studieren.
Jetzt viel Spaß mit dem modernen Zauberkasten für Erwachsene!

Kapitel Neun
Ihr Zauberbuch

Früher gab es diese sehr mystischen Zauberbücher voller geheimer Zaubersprüche. Nur der Magier hatte die Macht, sie zu sprechen und dabei Dinge ins Feuer zu werfen und damit unglaubliche, unerklärliche Dinge zu bewirken. Der erwachsene Mensch in der westlichen Welt aber hält heute nicht mehr viel von „Zaubersprüchen" oder magischen Ritualen.
Warum eigentlich nicht? Worte haben eine enorme Macht, insbesondere wenn sie oft wiederholt und mit Nachdruck und viel Emotion gesprochen werden – genauso wie ein Zauberspruch. Mantras aus der asiatischen Philosophie sind ja auch irgendwie Zaubersprüche. Worte können Menschen zusammen- und auseinanderbringen, Dinge schaffen oder Dinge zerstören. Worte können Heilung bringen oder tiefe Verletzung schaffen. Worte können Leben retten, Leben verändern. Mit Worten wurden Kriege begonnen und Schlachten beendet. Mit Worten wird kontinuierlich Geschichte geschrieben.

Die Kraft der Worte

Wählen Sie daher Ihre Worte immer weise und machen Sie sich bewusst, was für Auswirkungen sie auch im Leben eines anderen Menschen haben können. Entscheidend ist auch, welche Worte andere einsetzen, wenn sie mit – oder über uns sprechen. Diese prägen unser Selbstbild zu einem großen Teil. Je nachdem, von wem die Worte gesprochen werden, fällt es für uns mehr oder weniger ins Gewicht und kann unser Leben in großem Rahmen beeinflussen. Welche Worte benutzen Sie selbst, wenn Sie anderen von sich erzählen. Wie sehr prägen die gewählten Worte auch ihre eigene Geschichte? Worte, die wir sprechen oder die wir aufnehmen, erzeugen Bilder in unserem Kopf. Diese Bilder wiederum rufen bestimmte Gefühle und Gedanken in uns hervor, die dann großen Einfluss auf unsere Handlungen nehmen. Manche Menschen haben keine Ahnung, was sie mit dem, was sie sagen, in ihrer Umwelt aber auch in ihrem eigenen Leben alles zerstören. Also verwenden wir besser positive Affirmationen – für andere und für uns selbst. Bedenken Sie das auch immer, wenn Sie in Ihr Zauberbuch schreiben.

Ihr Buch, Ihr Zauber, Ihr Leben

Kommen wir genau zu diesem Buch zurück. Sie schreiben es selbst. Ihr Zauberbuch finden Sie nicht in Antiquariaten unter alten, verstaubten Büchern mit Zaubersprüchen, für deren Ausführung Sie wahrscheinlich Gegenstände und Utensilien brauchen würden, für die Sie erst einmal eine Weltreise machen müssten. Wobei, alles ist möglich ... wenn Sie die Suche nach solchen Büchern glücklich macht, lassen Sie sich nicht aufhalten.

Was ich hier aber meine, ist ein wirklich modernes „Zauberbuch". Das ist zunächst nichts anderes als ein Notizbuch. Ich würde in jedem Fall zu einem haptischen Buch aus Papier greifen. Das hat einfach einen ganz anderen Charakter, ist etwas Besonderes und wortwörtlich „greifbar". Der Akku kann nicht leer gehen, Sie müssen ein Notizbuch aus Papier nicht erst „hochfahren", es kann keinen Virus bekommen, Sie können darin schreiben, auch wenn die Sonne stark blendet, und niemand kann Ihre Ideen einfach klauen, indem er sich ins System hackt! Ich empfehle Ihnen, sich ein wirklich schönes Buch kaufen, das Sie persönlich anspricht. Es gibt sie in allen Varianten mit verschiedenen Papieren, in allen Größen und mit den unterschiedlichsten Musterungen. Ich persönlich bin ein großer Fan von leeren Seiten ohne Linierung oder Kästchen, denn so werde ich gedanklich nicht eingeengt oder – noch schlimmer – gedanklich in kleine Karokästchen gezwungen, während ich doch alles daransetze, über Grenzen hinauszudenken! Außerdem erinnern mich die Kästchen irgendwie an den Matheunterricht – und das ist bei mir keine positive Voraussetzung. Doch auch das sei jedem selbst überlassen. Es mag für Sie noch ein wenig unwahrscheinlich klingen, aber ich verspreche Ihnen: Ein solches Zauberbuch besitzt eine enorme Macht, Ihr Leben auf magische Weise zu verändern. Ich erkläre Ihnen auch warum.

Der magische Ideenspeicher

In unserem Leben dreht sich alles um Ideen. Alles hat irgendwann einmal mit einer Idee angefangen – am Anfang relativ unspektakulär. Darüber habe ich schon vieles geschrieben.

Nun gibt es aber Menschen, die darauf beharren, dass sie keine Ideen haben, dass sie einfach nicht kreativ sind. Das ist nicht wahr. Das Problem mit den meisten Ideen ist, dass sie sich superschnell wieder in Luft auflösen, wenn wir ihnen keine Aufmerksamkeit schenken. Ich habe einmal in einem Buch gelesen, dass wir alle im Jahr etwa drei Ideen haben, die uns zum Millionär machen könnten. Wir alle. Doch was passiert? Diese Ideen verschwinden irgendwo in einem schwarzen Loch beziehungsweise in den Tiefen unseres Unterbewusstseins und werden nie wiedergesehen. Dabei hätten sie das Potenzial, unser Leben zu verbessern, andere Ausgangssituationen zu schaffen oder sogar tatsächlich unser Leben für immer zu verändern.

Aus diesem Grund das Zauberbuch. Probieren Sie es aus. Am besten haben Sie es so oft wie möglich nahe bei sich. Wenn Ihnen eine Idee einfällt oder nur irgendein Gedankenfetzen, notieren Sie alles sofort. Denn spätestens am nächsten Tag werden Sie sich nicht mehr bewusst daran erinnern, weil zu viel dazwischenkommen ist. So werden geniale Einfälle oft von Alltagsbanalitäten überlagert. Glauben Sie mir, wenn Sie ein paar Wochen später durch Ihr Buch blättern und sehen, wie viele Ideen geboren wurden, werden Sie erstaunt sein. Und weil sie in Ihrem Zauberbuch nicht verloren gehen, werden sie sich im Lauf der Zeit auch verwandeln, vernetzen und wiederum die Grundlage für weitergehende oder ganz neue Ideen bilden. Sie müssen es selbst erleben, um diese Form von Magie zu spüren. Auch wenn es für Sie erst einmal keinen Sinn macht. Fangen Sie trotzdem einmal damit an. Sie müssen das Buch ja niemandem zeigen. Es ist Ihr persönliches Buch – Ihr Gedankengut, an dem Sie alle Urheberrechte besitzen.

Meinen Freundeskreis amüsiert es immer wieder, wenn ich mitten in einem Gespräch das Notizbuch zücke. Ich entwickle darin alle Zaubereffekte, Bühnenshows und Vorträge. Auch dieses Buch hier ist aus meinem Notizbuch entstanden. Einem besonders hochwertigen Notizbuch, das ich von meiner guten Freundin Silke geschenkt bekommen habe. Sie werden sehen, welches Potenzial sich aus ein paar Skizzen und zusammenhanglosen Notizen entfalten kann. Vielleicht flattert Ihnen auch ein motivierendes Foto zu oder Sie entdecken an einem völlig ungewöhnlichen Ort irgendeine kontroverse Anregung. Nehmen Sie alles mit, kleben Sie es an irgendeiner Stelle in Ihr Buch. Sie haben noch keine Ahnung, was vielleicht eines Tages daraus entstehen kann!

Vom Unsichtbaren ins Sichtbare

Doch es gibt noch mehr Besonderheiten an Ihrem magischen Buch. Durch das Aufschreiben werden Sie mehr oder weniger dazu gezwungen, Dinge in Worte zu fassen und zu präzisieren. In unserer Gedankenwelt herrscht oft ein gewisses Gedankenchaos, in dem Gedanken ständig kommen und gehen. Da ist es gar nicht so leicht, diese konkret werden zu lassen und auf den Punkt zu bringen. Beim Aufschreiben aber muss man sich damit auseinandersetzen. Man muss die richtigen Worte finden und Ideen so formulieren, dass sie auch andere verstehen können. Und das birgt neues Potenzial. Denn, wenn sie irgendwann bereit sind, anderen Ihre Ideen zugänglich und verständlich zu machen, können Sie weiteren Input aus anderen Perspektiven erhalten, den Sie dann direkt mit Ihrer Idee verweben können. Und wenn manche Reaktion aus Zweifel oder „Das funktioniert nie“ oder gar „Du bist ja verrückt“ besteht, nun, Sie wissen ja aus den vorherigen Kapiteln, wie ernst Sie das nehmen müssen.

Alleine indem Sie etwas aufschreiben, holen Sie Dinge vom Unsichtbaren ins Sichtbare. Sie bringen Ihre Gedanken in die Welt, lassen Sie erscheinen.

Als Zauberkünstlerin muss ich immer in der Lage sein, Dinge sehen zu können, die noch gar nicht da sind, Dinge, die so noch nie zuvor existiert haben, also quasi aus dem Nichts geschaffen werden. Gar nicht so einfach, sich darauf einzulassen. Doch genau so machen es auch große Musiker, Schriftsteller, Erfinder und Regisseure. Sie schaffen es, ganz neue Dinge, die lange nur in ihren Köpfen existiert haben, für den Rest der Welt sichtbar oder auch hörbar zu machen, wenn man so will, sie zu „erschaffen".

Was würden Sie gerne als Nächstes erschaffen? Schreiben Sie es am besten gleich auf. Das ist schon ein guter Anfang, so kann sich Ihr Unterbewusstsein direkt an die Erarbeitung diverser Lösungsvorschläge oder vielleicht sogar Geniestreiche machen. The sky is the limit.

Von der Idee zur Umsetzung

Sie können Ihr „Zauberbuch" auch nutzen, um von der Kreativphase in die Umsetzungsphase überzuleiten. Wir Deutschen sind ja bekannt dafür, alles genau zu planen. Und in der Tat ist ein übergeordneter Masterplan für große Dinge und auch für das Unmögliche sehr hilfreich. Denn es ist noch einmal ein großer Schritt zwischen der Idee und der tatsächlichen Umsetzung. Und wahrscheinlich liegt die größte Herausforderung sogar darin, an einer Idee dranzubleiben. Ich glaube, das größte Hindernis auf dem Weg zum Traumleben liegt bei den meisten Menschen nicht darin, dass sie keine Ideen für das Unmögliche oder auch nur für ihre Wünsche, Träume, Ziele haben. Vielmehr liegt es daran, dass sie viel zu schnell aufgeben. Aber auch dabei kann Ihnen Ihr Zauberbuch helfen. Planen Sie ein regelmäßiges Rendevouz mit Ihrem Buch. Einmal die Woche, eine halbe Stunde bei einem schönen Glas Wein oder Tee oder was immer Sie in eine entspannte Stimmung bringt. Blättern Sie durch Ihre Ideenwelt. Wenn eine Idee Sie immer wieder magisch anzieht, spielen Sie mit ihr, sprechen Sie mit anderen darüber. Je mehr Sie sich mit einer Idee beschäftigen, umso magischer wird sie Sie anziehen – und sie wird Ihnen immer möglicher vorkommen. In dieser Phase kann eine Idee wirklich reifen und ausgefeilt werden. Vielleicht erfindet sich die Idee in dieser Zeit auch noch einmal komplett neu – alles kann passieren.

Fast jede Umsetzung einer Idee braucht Zeit. Große Dinge müssen sich entfalten können und entstehen selten direkt auf Knopfdruck – auch wenn sie noch so magisch sind. Sammeln Sie alle Details zusammen. Im Studium habe ich im Fach „Zeitmanagement" immer gelernt, man solle 40 Prozent seiner Zeit verplanen und 60 Prozent für unvorhergesehene Dinge übriglassen. Damals erschienen mir 60 Prozent immer als viel zu viel. Nun ja, im Laufe der Zeit habe ich festgestellt, dass 60 Prozent noch sehr human kalkuliert sind, denn gerade in meinem Job passieren ständig die unglaublichsten Dinge, die nicht einmal ich vorhersehen konnte. Kein Tag ist wie der andere – keine Spur von Routine. Da ist Flexibilität gefragt. Also gebe ich Ihnen auch den Tipp, die Basis zu planen und dann Luft nach oben zu lassen. Dadurch entsteht auch kein erdrückender Zeitdruck, weil Sie sich Spielraum verschaffen. Wenn Sie an Ihrer Idee nur in Ihrer Freizeit arbeiten können, dann planen Sie auch Ihre Freizeit in 60 und 40 Prozent ein. Und vor allem entscheiden Sie: Wie viel Zeit ist Ihnen Ihre Idee wert?

Magische Mühen

Wenn Menschen an Magie denken, denken Sie tatsächlich oft an "Wundern per Knopfdruck" oder durch Zaubersprüche. Nun, für den Zuschauer einer Zaubershow mag das ja zutreffen. Aber Sie möchten doch der- oder diejenige mit dem Zauberstab sein. Sie möchten Ihr Leben verzaubern. Dann funktioniert das mit dem

Knopfdruck nicht. Hinter jedem Wunder auf der Bühne stecken der Glaube an das Unmögliche, unzählige „falsche" Ideen, eine magische Idee und sehr viel Detailplanung, Handwerk und Wissen, andere Menschen und Liebe. Darum werden wir uns in den folgenden Kapiteln auch mit diesen Themen beschäftigen. Doch noch sind wir bei Ihrem Zauberbuch – und da fängt, nach dem Ideensammeln, die Arbeit nun an:

Wenn Sie Ihre Idee/Ihr Ziel im Kopf haben, zerlegen Sie das Ganze am besten in verschiedene Teilabschnitte. So wird alles übersichtlicher. Hilfreich sind z.B. Mind-Maps Dann sehen Sie das gesamte Projekt auf einen Blick. Natürlich gibt es, wie Sie sicher wissen, auch jede Menge Software-Lösungen für die Erstellung konkreter Pläne, für Timelines, die zeigen, was bis wann erledigt sein muss, damit alles auf grün steht. Die können Sie natürlich auch verwenden. Ich bin mehr der Kreativmensch und Haptiker. Ich muss basteln und anfassen können. Doch bei großen Projekten ist es natürlich äußerst wichtig, alle Teilaspekte im Auge zu behalten und gegebenenfalls Prozesse rechtzeitig zu optimieren oder neue Lösungen zu erarbeiten. Je größer Ihr Projekt also ist, desto eher können oder sollten Sie auf Software-Lösungen zurückgreifen. Aber nehmen Sie unbedingt ab und zu Ihr Zauberbuch zur Hand und erinnere Sie sich, wie alles mit Ihrer Idee angefangen hat. So können Sie zwischendurch auch prüfen, ob Sie noch auf dem richtigen Kurs sind und sich alles so entwickelt, wie Sie es geplant hatten, oder ob Sie eine Kurskorrektur vornehmen müssen, was völlig in Ordnung sein kann. Auch ein Flugzeug fliegt nie auf der gesamten Strecke exakt vorgegebenem Kurs, sondern wird permanent vom Piloten leicht nachjustiert.

Das Buch, das Gold wert ist

Ich gehe sogar so weit, dass ich mein jeweils aktuelles Zauberbuch, wenn ich unterwegs in Hotels bin, im Safe einschließe. Denn viele Ideen, die ich im Laufe der Zeit sammle können Gold wert sein und nur darauf warten, zum passenden Zeitpunkt von mir umgesetzt zu werden. Wenn Sie meinem kleinen magischen Tipp hier folgen, werden Sie damit sicher Ihre eigenen Erfahrungen sammeln und eines Tages verstehen, was ich damit meine. Lassen Sie sich von Ihren eigenen kreativen Ideen verzaubern. Es müssen auch nicht immer große Projekte sein, die zu wahnsinnig großem beruflichem Erfolg führen. Auch eine kleine gute Idee kann Ihnen einen entscheidenden beruflichen Vorteil verschaffen, Ihnen die Geburtstagsfeier Ihres Lebens ermöglichen oder die Basis für Ihre Traumhochzeit sein. Wie Sie wissen, alles beginnt mit einer simplen Idee. Und vielleicht werden Sie am Tag X in Ihrem Leben zum Millionär, weil Sie eine Idee hatten, auf die noch nie jemand vor Ihnen gekommen ist! Ist Ihnen bewusst, welches Potenzial hier lauert?

Nun ist es entscheidend, auch die passenden Gedanken zu finden, die wir in unserem Notizbuch notieren können. Wie unser Denkprozess abläuft, dazu kommen wir im nächsten Kapitel.

Kapitel Zehn
An welche Karte haben Sie gedacht?

Wie können wir das Potential unserer Gedanken am effektivsten nutzen? Darum geht es in diesem Kapitel. „An welche Karte haben Sie gedacht" – diese Frage wird Zuschauern einer Zaubershow wohl am häufigsten gestellt. Und sie ist für manche Zuschauer gar nicht so einfach zu beantworten, wenn zwischen der Aufforderung zum Merken einer Karte und dieser Frage eine paar Ablenkungen stehen. Machen wir einen kleinen Test: Denken Sie an die Karo Neun. Eine rote Karte. Haben Sie die? Wenn es für einen Trick erforderlich ist, sich mehrere Karten zu merken, beziehe ich auch mehrere Zuschauer mit ein. Denn mehr als eine Karte kann sich erfahrungsgemäß kein einzelner Zuschauer merken. Das ist eigentlich erstaunlich, haben wir doch alle dieses Hochleistungsrechenzentrum im Kopf, mit dem wir Dinge ausführen können, die kein Computer der Welt zustande bringen würde. Doch die ganze Bandbreite unserer Denkleistungen trainieren wir selten, sodass sie, wie ein Muskel, im Laufe der Zeit verkümmert. Vielleicht heißt es auch deshalb „Denksport", weil wie beim normalen Sport regelmäßiges Training entscheidend ist. Wir denken zwar den ganzen Tag vor uns hin: Was könnte ich heute Abend essen? Ich sollte Peter noch zurückrufen, den Einkaufszettel habe ich noch nicht geschrieben, irgendwie bin ich müde. Ich sollte dringend etwas verändern ... hm, das hat vielleicht auch noch Zeit. Urlaub wäre mal wieder gut ... bei dem Wetter ... aber ich habe keine Zeit ... irgendwie drehe ich mich im Kreis, nichts geht voran und so weiter. Doch bei solchen harmlosen inneren Monologen können wir wohl kaum hochkarätige Resultate erwarten. Diese inneren Gespräche sind zwar bei jedem Menschen normal und gehören auch dazu, wenn wir aber wirklich etwas bewegen oder verändern wollen, müssen wir aktiv in diesen mentalen Prozess eingreifen. Denn wir lassen uns auch viel zu schnell ablenken. Was ein Zauberer auch gerne ausnützt. Und wie war das: Schauen Sie jetzt nicht auf den Anfang dieses Kapitels: Welche Karte sollten Sie sich merken? Wenn Sie es wirklich noch gewusst haben, sind Sie ganz gut im Denktraining.

Input = Output

Einer meiner großen Vorbilder, Ron G. Holland, sagt immer: „Input = Output." Diese Gesetzmäßigkeit gilt überall, auch was unsere Denkprozesse betrifft. Überlegen Sie, wie unterschiedlich Dialoge zwischen zwei Menschen wohl ablaufen, von denen die einen fast den ganzen Tag Seifenopern im Fernsehen sehen, während die anderen sich kontinuierlich und auf hohem Niveau weiterbilden. Sie selbst entscheiden, womit Sie sich beschäftigen möchten und womit Sie Ihren Kopf „füttern" möchten. Das, was Sie aktuell in Ihrem Kopf haben, entscheidet darüber, wie Ihr Leben im Moment aussieht. Wenn Sie möchten, dass Ihr Leben in den kommenden sechs Monaten anders aussieht als im vergangenen halben Jahr, ist es also an der Zeit, Ihren Input und damit auch Ihr Denken zu verändern.
In der Magie geht es ständig darum, neue Denkweisen zu etablieren. Auf dem herkömmlichen Weg kommt man hier nirgendwohin. Man hat ständig mit Dingen zu tun, die nicht funktionieren, darf sich davon jedoch nicht frustrieren lassen, um schließlich doch einen Weg zu finden, den noch niemand gegangen ist. Nur so kann etwas wirklich Neues entstehen, auch wenn dieser Denkweg manchmal wirklich anstrengend ist und zunächst nur in Sackgassen führt. Doch vielleicht wartet hinter der nächsten Ecke schon die geniale Lösung!

Der magische Schlüssel im Nichtstun

Unser Denken verläuft in Wellen. Damit meine ich, es gibt Phasen, in denen wir intensiv denken, und Phasen, in denen wir wenig bis gar nichts denken. Das passiert automatisch. Der Befehl „Denken Sie an nichts!" funktioniert nicht. Aber es gibt Phasen, in denen man entspannt ist, einfach Spaß hat, Freude empfindet und sich rundum wohlfühlt. Dann kann man auch im Kopf loslassen. In den USA heißt das „Work hard, play hard“, also die Empfehlung, hart zu arbeiten, kreativ zu sein und dann aber auch richtig Spaß haben.

Tatsächlich sind beide Phasen wichtig, um kreative Gedanken und Ideen zu entwickeln. Die Magie, also der Geistesblitz oder die Erleuchtung, setzen oft genau dann ein, wenn wir entspannt sind und wenn wir überhaupt nicht an das entsprechende Projekt oder die Problematik denken. Viele Menschen haben erst einmal ein schlechtes Gewissen, wenn sie „nichts“ tun oder „nichts Sinnvolles“ tun. Doch erstaunlicherweise ist genau das der „magische Schlüssel“. Viele Wissenschaftler haben die Lösungen zu ihren Fragestellungen geträumt, nachdem sie sich zuvor intensiv damit befasst haben. So kommt die Lösung oft mit Leichtigkeit in einer Denkpause. Und da kommt wieder unser Zauberbuch ins Spiel. Sofort aufschreiben!

Nun gibt es einen kleinen Haken: Es lässt sich nämlich nie genau vorhersagen, wann uns eine Inspiration ereilt – das kann jederzeit und überall passieren. Wenn Sie den Gedanken dann nicht sofort aufschreiben, ist er weg. Deshalb empfiehlt es sich in der fortgeschrittenen Variante, sogar mehr als ein Notizbuch zu haben. Denn es kann sein, dass irgendwo ein Bild auftaucht, ein Satz gesagt wird und plötzlich wird Ihnen der gesamte Lösungsprozess zu Ihrer Aufgabenstellung klar. Bringen Sie diese “Heureka“-Moment sofort zu Papier.

Aktiv nachdenken ist gar nicht so leicht

Um in der Entspannung den Geistesblitz zu ermöglichen, ist es natürlich auch entscheidend, davor aktiv nachzudenken, etwas, was die wenigsten Menschen wirklich ernsthaft praktizieren. Wann saßen Sie das letzte Mal da und haben intensiv nur nachgedacht? Ohne Ihre Mails auf dem Smartphone zu checken, Radio zu hören, etwas zu essen ... einfach nur nachgedacht? Probieren Sie es aus: Es wirkt Wunder, wenn Sie einfach nur dasitzen und nachdenken. Nicht über den notwendigen Lebensmitteleinkauf oder darüber, was Sie morgen anziehen. Denken Sie wirklich einmal darüber nach, wie Ihr Leben aussehen soll und wie Sie Ihren Lebensstil ändern müssen, um ein bestimmtes Ziel zu erreichen. Die Lösung dazu ist bereits in Ihrem Kopf, da bin ich mir sicher. Sie müssen Sie nur noch finden.

Eine kleine konkrete Übung: Überlegen Sie sich, wie Ihr idealer Arbeitsplatz aussehen sollte. Ein eigenes Büro oder Großraum? Klare Linien oder gemütlich? Möchten Sie viele Kollegen oder eher wenige? Ist Ihr Schreibtisch aufgeräumt oder „kreatives" Chaos? Und dann vergleichen Sie, wie sehr sich diese Vorstellungen davon unterscheiden, wie Ihr Arbeitsplatz wirklich aussieht. Und dann denken Sie darüber nach, was SIE daran ändern können.

Bill Gates soll als Teenager stundenlang in seinem Zimmer gesessen haben. Als ihn seine Mutter fragte, was er da mache, antwortete er: „Ich denke nach. Solltest du auch mal versuchen, es hilft." Bill Gates ist es offensichtlich tatsächlich gelungen, einen millionenschweren Denkprozess zu etablieren. Vielleicht gelingt Ihnen das ja auch. Aber so ganz nebenbei: Frühes Nachdenken spart uns oft später viel Zeit. Denn wenn wir Dinge genau durchdenken, laufen wir nicht einfach blind los und verlieren beim ersten Hindernis die Motivation.

Es ist Ihre Zeit für Ihre Träume

Von vielen Philosophen, Politikern und Schriftstellern weiß man, dass sie sich täglich bis zu vier Stunden Zeit nehmen, um nachzudenken. Die Türen sind verschlossen, alle Telefone abgeschaltet. Das ist natürlich schon oberste Liga, täglich vier Stunden Zeit nur fürs Nachdenken zu haben. Wahrscheinlich können Sie sich in Ihrem Alltag nicht täglich vier Stunden freischaufeln. Aber wenn Sie es wirklich wollen, können Sie sich trotzdem jeden Tag einen Denk-Freiraum schaffen. Wenn Sie dafür ganz viele Ausreden finden – und hier sind wir wieder bei der merkwürdigen Kreativität der Ausredenfindung – dann sollten Sie sich selbst fragen, warum Sie in Ihrem Leben nicht täglich ein paar Minuten haben, um über sich und Ihre Ziele, Träume, Wunsche nachzudenken, je nachdem, wo Sie hinwollen. Ich verrate Ihnen in diesem Buch keine Zaubertricks für die Showbühne, aber Tricks für die Bühne Ihres Lebens. Und ich verspreche Ihnen: Wenn es Ihnen gelingt, sich täglich nur 20 Minuten Ihrem strategischen Denken zu widmen, wird sich Ihr Leben in den folgenden Monaten entscheidend verändern und Sie bewegen sich mit großen Schritten auf Ihre Träume zu.

Manche mögen´s faul

Wer erfinderisch ist, kann sich und sein Leben mit dem richtigen Denken neu erfinden. Ich möchte Ihnen dazu die Geschichte von Ben Hammersley erzählen. Dieser spannende Mann hat für die „Times“ und den „Guardian“ als Journalist geschrieben, Internetfirmen gegründet und das britische Außenministerium beraten. Dann ist er mit seiner Familie von London nach Los Angeles gezogen und nun pflegt er einen außergewöhnlichen Lifestyle: Er arbeitet nur zwei Tage die Woche und seine Agentin verhandelt pro Termin an diesen zwei Tagen eine Gage von 10.000 Euro. Den Rest der Woche verlebt er nach seinen eigenen Regeln. Er hat eine Schwäche für Produktivitäts- und Effizienztheorien. Seiner Meinung nach ist es unmöglich, produktiv zu sein, ohne zeitgleich auch faul zu sein. Warum? Weil faule Menschen dazu neigen, einen einfacheren Weg zu suchen und zu finden – mehr Ergebnis mit weniger Arbeitsaufwand. Nachdem er alle E-Mails beantwortet hat, denkt er eine halbe Stunde über seine Arbeit im Ganzen und die nächsten Schritte nach beziehungsweise über das, was wirklich dringend ist. Dies ist auch sein heißer Tipp: „Menschen sollten mehr Zeit damit verbringen, darüber nachzudenken, was genau ihre Arbeit ist. Und stattdessen viel weniger Zeit mit der eigentlichen Arbeit“. Das dürfte für viele von uns zugebenermaßen eine echte Herausforderung sein!

Auch Aristoteles hat bereits erkannt, dass man entspannt weiterkommt: „Die Muße scheint Lust, wahres Glück und seliges Leben in sich selbst zu tragen.“ Und auch Albert Einstein brachte es täglich auf zwölf Stunden Schlaf. Haben Sie schon einmal vom „Lifehacking“ gehört? Dabei geht es um effektive und effiziente Wege, alltägliche Probleme auf clevere, aber nicht offensichtliche Weise lösen. Dazu gehört auch die Idee des amerikanischen Unternehmers und Autors Timothy Ferris, die Vier-Stunden-Woche einzuführen. Aus diesem Ansatz entstand eine Bewegung, die sowohl Alltag als auch Beruf angenehmer machen will. Ein praktisches Beispiel aus Ben Hammersleys Leben: Für diverse Einkaufsgegenstände hat er Abonnements auf Amazon, sodass diese regelmäßig automatisch geliefert werden und er nicht mehr aktiv darüber nachdenken muss. Clever würde ich sagen. Seiner Ansicht nach „sollte man über viele Dinge nicht öfter nachdenken als unbedingt nötig“. Als Anhänger der von David Allen erfundenen Getting-Things-Done-Methode befreit er sich von langweiligen Routine-Tätigkeiten, um schließlich mehr Zeit für sich zu gewinnen. (Siehe auch Kapitel “Ihre Zeit läuft“).

Harte Arbeit verringert die Effektivität

Laut Untersuchungen arbeiten wir durchschnittlich drei Tage effektiv und vergeuden zwei, weil wir zu hart arbeiten. Diese Studien zeigen auf, dass man, je länger man arbeitet, desto ineffizienter wird man. Eigentlich ist das ganz logisch und Sie kenne das auch: Wenn Sie für ein Projekt wirklich bis zum Anschlag gearbeitet haben, dann haben Sie es zwar zu Ende gebracht und – wenn die Vorplanung gut und kreativ war – auch zu einem tollen Erfolg gemacht. Aber in den letzten Arbeitsphasen haben Sie nur weggearbeitet, von Kreativität keine Spur. Bob Kustka, ein bekannter Berater für Produktivität und Zeitmanagement, betont, dass es sich mit intellektueller Energie ähnlich verhält wie mit der Energie von Sportlern: Sie wird am besten in „Spurts“ eingesetzt, in denen wir hart und konzentriert an wenigen Aufgaben arbeiten.

Was sind Ihre wirklich wichtigen und entscheidenden Aufgaben? Spannend ist hier auch der Ansatz des britischen Historikers Cyril Northcote Parkinson: „Arbeit dehnt sich in genau dem Maß aus, in dem Zeit für ihre Erledigung zur Verfügung steht. Losgelöst davon, wie umfangreich sie tatsächlich ist." Kommt Ihnen das bekannt vor? Sie wissen ja, dass Sie ohnehin bis 18.00 Uhr im Büro sind. Also können Sie sich Zeit lassen. Wenn Sie aber eine kurzfristige Aufgabe mit einem eng gesetzten Terminplan bekommen, geht plötzlich alles viel schneller. Auch Leo Burnett, Gründer der School of Creative Leadership in Berlin, weiß zwar, dass die Lösung meist kommt, wenn man gerade gar nicht daran denkt, doch auch, dass man dazu Abstand zum Arbeiten braucht und relaxt sein muss. In seinem Buch „Der Mönch und das Rätsel" ermahnt Autor und Geschäftsführer Randy Komisar den Leser wie folgt: „Anstatt auf Kosten aller anderen Lebensaspekte nur zu arbeiten, um unser Bankkonto zu füllen in der Hoffnung, dass wir später alles zurückkaufen können, was wir auf dem Weg dorthin verpasst haben, sollten wir unser Leben jetzt genießen, in vollem Bewusstsein seiner Zerbrechlichkeit." Ein weiterer Grund, sein Denken clever einzusetzen, um damit mehr Lebenszeit und mehr Freiheit zu gewinnen – Zeit, in der Sie tun können, was Sie glücklich macht.

Ich habe jetzt sehr viele Experten zitiert. Das liegt vor allem daran, dass ich einfach immer neugierig bin und mich Menschen – und ihre Bücher – faszinieren, die neue Ansätze durchdenken, wie man „besser" lebt, um das einmal etwas banal auszudrücken. Aber das Lesen dieser Bücher häuft auch einen großen persönlichen Schatz an, den wir alle sammeln können: Einen Wissensschatz. Im nächsten Kapitel schauen wir uns an, wie wir das entsprechende Wissen in unseren „Bio-Computer", wie Ron G. Holland unser Gehirn nennt, laden können, damit unser Denken für uns die wichtigen Aufgaben und Prozesse übernehmen kann, sodass wir schließlich mit optimalen Ergebnissen und fantastischen Geistesblitzen zurückbleiben.

Kapitel Elf
Wissen ist Magie

Als Magierin ist man für die Dauer der Show für gewöhnlich die schlauste Person im Raum. Ganz logisch, denn als Magierin weiß man von Dingen, von denen die Zuschauer nicht die geringste Ahnung haben. Und natürlich weiß auch nur ich als Magierin, was als Nächstes passieren wird und wie das Ganze ausgeht. Ich bin den Zuschauern gedanklich immer einen Schritt voraus. Ich weiß mehr als sie. Deswegen kann ich sie verzaubern.

Wissen ist aber generell etwas sehr Magisches. Nicht umsonst sagt man auch „Wissen ist Macht". Wer mehr Wissen hat, ist anderen meistens überlegen und wird weisere Entscheidungen treffen. Manchmal, wenn ich in der Staatsbibliothek in München zwischen all diesen Tausenden von Büchern sitze, stelle ich mir vor, wie sich das Leben wohl anfühlen würde, wenn ich all dieses Wissen, die Gedanken all dieser Autoren im Kopf hätte? Welche Magie hätte ich dann? Denn mit allem, was wir neu lernen, ändert sich unser Blick auf die Welt, es gehen neue Türen auf, wir kommen mit anderen Dingen in Berührung, können andere Ansichten gewinnen und daher auch neue Entscheidungen treffen. Wahrscheinlich ginge es mir wie Goethes Faust, der schon zu der Erkenntnis kam, dass er, je mehr er wusste, umso deutlicher wusste, dass er nichts wusste – und sich deshalb der Magie verschrieb. Obwohl – vergessen Sie's, das nahm kein gutes Ende.

Wissen aus Büchern

Ich habe eine echte Schwäche für Bücher, weil ich schon als Teenager sicher war, dass ich ein magisches Buch finden würde, das mein Leben verändert. Tatsächlich waren es dann mehrere Bücher, die immer wieder ganz neue Kapitel in meinem Leben eröffnet und mir neue Welten erschlossen haben. Ich hatte immer schon einen großen Wissensdrang, immer das Gefühl, dass es da draußen noch mehr geben müsse und ich davon wissen wollte. Meistens fielen mir genau zum richtigen Zeitpunkt durch irgendeinen verrückten Zufall auch die genau richtigen Bücher in die Hand. Mit 18 habe ich das Buch eines bekannten Motivationstrainers gelesen und es sprengte meine Welt, ließ mich nicht mehr los. Der zentrale Gedanke: Wir können unser Leben selbstbestimmt und frei leben. Für mich wurde ein Traum war, als ich nach dem Abitur ein Jahr für den Autor arbeiten durfte. Ich habe damals viel gelernt. Unter anderem auch, wie man Dinge besser nicht macht. Und erst vor kurzer Zeit bin ich auf dem Rückflug von einem Zauberkongress in London noch durch den Buch-Shop am Flughafen gelaufen und habe dort rein zufällig wieder einmal ein Buch entdeckt, das mich irgendwie angesprochen hat. Dieses Buch hat dafür gesorgt, dass mein Horizont extrem erweitert wurde und eine ganze Reihe von Abenteuern in Gang kam. Und dass ich letztlich noch mal nach London und Singapur flog. Ich möchte jetzt gar nicht darauf eingehen, was das für ein Buch war. Denn es geht mir nur darum zu zeigen, was ein Buch ganz allgemein bewirken kann. Ja, ich bin sicher: Bücher haben die Macht, unser Leben zu verändern.

Die Liebe zu Büchern habe ich wohl meinem Vater zu verdanken. Schon als ich noch sehr klein war, versprach er mir: „Egal welches Buch, wenn du es liest, kaufe ich es dir." Super! Ich habe dann ziemlich viele Bücher gefunden – die mein armer Vater mir kaufen musste. Und jetzt biegen sich die Bücherregale in meinem ehemaligen Kinderzimmer gefährlich stark nach unten, weil sie die Last von all dem Wissen kaum tragen können. Und ich habe tatsächlich all diese Bücher gelesen! In meiner derzeitigen Dachgeschosswohnung ist es nicht viel anders. Die Anzahl an Büchern in meinem Wohnzimmer nimmt wöchentlich zu. Das Wissen in meinem Kopf aber auch.

Bücher mit Zauberkraft

Für mich geht es beruflich natürlich auch darum, immer neue Zaubereffekte zu kreieren. Dafür recherchiere ich gerne in ganz alten Zauberbüchern. Dort treffe ich meist auf spannende Illusionen, die meine männlichen Zauberkollegen so nicht vorführen. Doch natürlich geht in der Magie das Wissen weit über die reine Zauberkunst an sich hinaus. Es geht um Wissen aus Wissenschaft, Kunst, Psychologie, Geschichte, Ingenieurswesen und manchmal auch Philosophie. Ich persönlich sehe in der Magie auch eine Verschmelzung aus Wissenschaft, Kunst und dem Leben selbst. Ist die Mischung perfekt, ist das Ergebnis fantastisch.

Früher war Wissen nur wenigen Leuten vorbehalten: Bestimmte Tricks oder Rituale, oft auch Behandlungsmethoden für Kranke, waren Alchimisten, Magiern oder Wundermännern vorbehalten – die Masse des Volkes hatte davon keine Ahnung. Menschen, die sich mit Magie, Hypnose, Mentaltraining, vor allem auch mit fernöstlichen Lehren wie Yoga und Meditation befassen, werden anderen immer etwas voraushaben, weil sie dadurch eine persönliche Reife ausstrahlen, die wie von selbst eine Art magische Kraft um sie herum bildet. Heute ist Wissen mehr Menschen viel leichter zugänglich. Das ist natürlich großartig. Allerdings: Durch das stark gewachsene Allgemeinwissen der Menschen ist es manchmal gar nicht mehr so einfach, sie zu verzaubern. Schade für uns Magier, aber gleichzeitig: was für eine wunderbare Herausforderung.

Wissen fliegt nicht magisch zu

Wissen ist magisch, aber leider fliegt es einem nicht einfach magisch zu. Wissen hat immer etwas mit Lernen zu tun. Und der Begriff „Lernen" ist für die meisten aus ihrer Schulzeit mit stupidem Auswendiglernen verknüpft und eher negativ belegt. Aber schon damals fiel uns das Lernen leichter, wenn uns das Thema interessiert hat.

Trotz meines großen Wissensdurstes habe ich persönlich in der

Schule nicht gerne gelernt. Wie Sie sich denken können, war ich, der kreative Querkopf, vor allem so gar kein Fan von Mathematik. Damit habe ich mir immer schwergetan und auch im Studium der Betriebswirtschaftslehre wurde meine Beziehung zur Mathematik nicht inniger. Mit Physik konnte ich schon mehr anfangen. Da gab es nachvollziehbare Experimente, man konnte die Dinge sogar manchmal anfassen. Und es gab tolle Tricks mit Knall und Rauch. Außerdem war es für mich natürlich gut, erst einmal alle physikalischen Gesetze zu lernen, um sie anschließend in meinen Zaubershows außer Kraft zu setzen. Merke: Dinge können nicht frei im Raum schweben (außer im Weltall), Gegenstände können sich nicht in Luft auflösen oder ihren Platz ohne Außeneinwirkung mit einem anderen Gegenstand tauschen, Materie kann nicht von unseren Gedanken beeinflusst werden. All das und noch viel mehr lehrt uns die Physik. Das fand ich schon deswegen so spannend, weil man es mit der Zauberei so wunderbar widerlegen kann. Es ist unmöglich – aber ich mache es trotzdem. Wenn Sie mir nicht glauben, müssen Sie mich mal in Aktion sehen.

Die Freiheit zu lernen

Aber die meisten von Ihnen, liebe Leser, sind ja nicht mehr in der Schule. Und der größte Unterschied zwischen Lernen in der Schule und Lernen außerhalb der Schule besteht in der Freiheit, selbst zu entscheiden, was und wie wir es heute lernen wollen. So kann Lernen plötzlich Spaß machen und ganz einfach sein. Ich habe von meinem Filmstudium nicht genug bekommen und hätte mich am liebsten nachts in der Bibliothek eingeschlossen. Bei guten Zauberseminaren geht es mir genauso. Ich vergesse alles um mich herum und sauge die Inhalte in mich auf. Die Freiheitheute auf so viel Wissen zugreifen zu können, schafft uns außerdem Zugang zu unbegrenzten Möglichkeiten, machen Sie sich das bewusst. Und wenn wir das Unmögliche in unserem Leben schaffen wollen, egal in welchem Bereich, brauchen wir höchstwahrscheinlich ein bestimmtes

Wissen dazu. Wir müssen unseren Horizont erweitern, uns Zugang zu neuen Informationen verschaffen. Selbst in privaten Beziehungen können Sie jemanden für sich gewinnen, wenn Sie mehr Wissen haben als die Konkurrenz, wenn Sie wissen, was dieser Person wirklich etwas bedeutet, was sie besonders gerne tut, hört, isst, auch das ist Wissen. Je mehr Wissen wir haben, desto mehr nimmt unser Selbstbewusstsein zu und ganz nebenbei steigt in der Regel damit auch unser Einkommen. Schon wenn Sie ein besseres Wissen über Marketing, PR, Vertrieb und die modernen Medien haben, werden Sie mehr Aufträge bekommen und auch mehr Geld verdienen – egal, was Ihr eigentliches Thema ist. Hören Sie also bitte nie auf sich zu fragen, was Sie Neues lernen könnten, um Ihr Leben zu bereichern!

Quellen des Wissens

Es ist doch genial. In unserer heutigen Zeit stehen uns auch fast unzählige Möglichkeiten zur Verfügung, um uns neues Wissen zu eigen zu machen. Natürlich gibt es zunächst einmal Bibliotheken, Videotheken, Buchländen, Onlineshopping-Möglichkeiten. Darüber hinaus werden Unmengen an Seminaren, Vorträgen, Fortbildungsreisen, Coaches, Beratern und Spezialisten auf allen Gebieten und zu den unterschiedlichsten Preisen angeboten. Doch das ist noch lange nicht das Ende der Fahnenstange. Das Internet wächst weiter. Hier finden Sie geniale Plattformen mit Onlinekursen, YouTube Channels, Blogs und noch vielem mehr. All dieses Wissen steht Ihnen 24 Stunden am Tag, von nahezu jedem Ort auf der Welt zur Verfügung. Ist Ihnen klar, welches Potenzial in alldem steckt? Machen Sie sich bewusst: Sie können (fast) alles erfahren, was Sie wollen – und damit können Sie die Welt aus den Angeln heben. Und mit Ihrem Wissen können Sie wiederum anderen helfen, sie auf den Weg bringen oder mit einem entsprechenden Rat ihr Leben bereichern – und alle gewinnen.

Es gibt für jeden Lerntyp das Richtige. Wenn Sie kein Gruppenmensch sind, gibt es Privattrainer, und wenn Sie gerne ein Wochenende mit Menschen verbringen, die Sie noch nie im Leben gesehen haben, buchen Sie sich in ein Seminar ein. Glauben Sie mir, es ist pure Magie, was da mit Ihnen und Ihrem Leben passieren kann, wenn Sie dafür bereit sind. Es gibt diverse Seminare auf dem Markt. Und natürlich hat nicht jeder unbegrenzte Finanzmittel zur Verfügung. Ich sicher auch nicht. Tatsächlich aber ist jeder Wissenserwerb eine Investition in sich selbst. Ich habe Seminarangebote gefunden, bei denen ein Zwei-Tages-Kurs etwa 15.000 Euro kostet. Fakt ist, es gibt Menschen, die das in sich investieren (können) und wir können wohl davon ausgehen, dass sich bei diesen Seminaren ziemlich außergewöhnliche Teilnehmer zusammenfinden, die bereit sind diesen Betrag auszugeben – allein dadurch bleiben sie unter sich. Mein Tipp: Arbeiten Sie immer mit den Besten! Auch wenn sie teurer sind, sind sie doch die Joker-Karte und werden Ihnen auf lange Sicht Geld sparen helfen oder noch besser helfen Geld zu verdienen. Wählen Sie gut.

Wissen bleibt

Ich möchte Ihnen zum Ende dieses Kapitels noch einen entscheidenden Gedanken mit auf den Weg geben: In diesem Leben kann man Ihnen alles wegnehmen, Ihr Haus, Ihr Auto, Ihre Kleidung, Ihre Familie, Ihren Partner und sogar Ihre Freiheit. Doch eines kann Ihnen niemand jemals wegnehmen: das Wissen, das Sie in Ihrem Kopf haben. Deshalb betone ich noch einmal, dass die beste Investition, die man tätigen kann, immer eine Investition in sich selbst ist. Diese Investition ist sicher. Es gibt keine Kursschwankungen und keine schwarzen Freitage. Nur reines Wissen, das an Wert gewinnt, je mehr davon Sie erwerben.

So erklärt sich auch, warum man sagt, in einem Experiment, in dem alles Geld der Welt auf alle Menschen gleich aufgeteilt werden würde, hätte man in kürzester Zeit wieder das Ergebnis, dass manche Menschen mehr Geld hätten als andere und über kurz oder lang reich werden würden. Warum? Genau deshalb, weil sie über das Wissen in ihrem Kopf verfügen, wie sie mehr Geld verdienen. Das ist keine Magie. Das sind Fakten. Je mehr Fakten Sie kennen, desto magischer Ihre Wirkung auf andere Menschen. Damit schließt sich der Kreis. Was werden Sie also als Nächstes lernen? Was wollten Sie schon immer einmal lernen?

Kapitel Zwölf
Hypnose – Tor zu unendlichen Möglichkeiten

Alles, was zwischen Ihnen und Ihrem Ziel steht, ist Ihr Kopf bzw. das, was in Ihrem Kopf vor sich geht. Der Grund, warum Sie noch nicht am Ort Ihrer Träume leben, noch nicht mit Ihrem Traumpartner zusammen sind, Ihre Traumreise noch nicht begonnen haben - ist Ihr Kopf. In diesem Kapitel verrate ich Ihnen warum.

In den vorangegangenen Kapiteln ging es um unser bewusstes Denken, also die Gedanken, die wir bewusst wahrnehmen. Tatsächlich können wir aber nur ein Achtel aller Dinge tatsächlich bewusst wahrnehmen. Alles andere verläuft im Unsichtbaren. Das heißt jedoch nicht, dass all diese Dinge nicht existieren. Ganz im Gegenteil. Auch in der Zauberkunst läuft ganz viel im Unsichtbaren ab. Während Sie gemütlich eine unterhaltsame Show genießen und vielleicht manchmal mitfiebern, laufen ganz viele Dinge im Hintergrund oder im Geheimen ab, um die Magie so zu ermöglichen, wie Sie sie sehen. Geheime Vorbereitungen, Griffe, Assistenten und so weiter. All das werden Sie nie sehen, doch würden diese Dinge nicht existieren, gäbe es die ganze Show nicht – letzten Endes sind genau diese Handlungen sogar noch entscheidender für die gesamte Show als das, was auf der sichtbaren Ebene abläuft. Genauso läuft das auch in unserem

Gehirn. Wenn Sie das Unmögliche erreichen wollen, empfiehlt es sich, genau auf dieser nicht sichtbaren Ebene anzufangen. Sie müssen dafür nicht alle Zusammenhänge verstehen. Strom nutzen Sie doch auch täglich, obwohl er unsichtbar ist und Sie wahrscheinlich nicht exakt wissen, wie er funktioniert. Trotzdem ist er da.

Vieles von dem, was Sie im Laufe Ihres Lebens gelernt haben, läuft in Form von Programmen in Ihrem Unterbewusstsein ab. Irgendwann haben Sie gelernt, wie man eine Türe öffnet. Hätten Sie dies nicht gelernt und als entsprechendes Programm installiert, müssten Sie jedes einzelne Mal, wenn Sie vor einer Tür stehen, überlegen, wie Sie diese öffnen können. Das ist natürlich nur eines von vielen Tausend Programmen, die Ihnen täglich das Leben erleichtern. Aber, wie bei einem Computer, gibt es auch schädliche Programme, Überzeugung, die Sie als Kind aufgeschnappt haben, negative Urteile, die andere über Sie getroffen haben, schlechte Erfahrungen. So können sich sogar „Viren" einschleichen, die äußerst ungünstige Auswirkungen auf die Erreichung Ihrer Träume haben könnten. Das alles läuft jedoch jenseits Ihres bewussten Verstandes ab, sodass Sie keine Ahnung haben, was genau Sie davon abhält, Ihre Träume zu verwirklichen – zum Beispiel ein verstecktes negatives Programm in den tiefen Archiven Ihres Unterbewusstseins.

Jetzt fragen Sie sich sicher, wie wir diese negativen Programme verändern, austauschen oder neue Programme installieren können, um unsere Lebensqualität und die Frequenz glücklicher, erfüllender Momente in unserem Leben zu steigern. Meine Lieblingsmethode hierfür ist die Hypnose. Dieses Thema ist so umfangreich, dass es ein eigenes Buch wert ist, doch ich möchte hier auf einige wichtige Aspekte eingehen, damit Sie eine Ahnung bekommen, was sich hinter dem Mysterium „Hypnose" verbirgt und wie sie Sie Ihren Träumen näher bringen kann.

Mit der Hypnose ist es wie mit der Magie: Sie fasziniert die Menschen und gleichzeitig macht sie Ihnen Angst, weil sie sich nicht erklären können, wie das funktionieren soll oder noch keinerlei Berührungspunkte damit in ihrem Leben hatten.

Was ist Hypnose?

Beginnen wir mit der Beantwortung der wichtigsten Frage: Was genau ist nun Hypnose bzw. Trance? Eigentlich ist Hypnose die Kunst der Kommunikation. Es geht um keinen mystischen oder magischen Zustand und es erfordert auch keine Superkräfte, jemanden zu hypnotisieren oder hypnotisiert zu werden. Auf unseren bewussten Verstand bin ich bereits im letzten Kapitel eingegangen – nun liegt der Fokus mehr auf unserem Unterbewusstsein, denn genau das kommt zum Einsatz, wenn es um Hypnose geht. Das Unterbewusstsein kann Millionen und Abermillionen von Informationen verarbeiten – alle zur selben Zeit. Und es hat eine Schwäche dafür, komplexe Muster und Verbindungen zu finden und zu interpretieren.

Während einer Hypnose ist man im Zustand der „Trance", was manche Menschen irgendwie mit etwas Unheimlichem verbinden. Dabei durchleben Sie diesen Zustand mehrfach am Tag, wenn Sie z.B. in ein Buch vertieft sind, einen spannenden Film sehen, tagträumen, inspirierende Musik hören, gedanklich abschweifen und so weiter. Vielleicht haben Sie auch schon erlebt, dass Sie irgendwo hingefahren sind und, als Sie gerade dabei waren Ihr Auto zu parken, gemerkt haben, dass Sie keinerlei Erinnerung an irgendwelche Details der Fahrt hatten? Ihr Unterbewusstsein hat das Fahren für Sie übernommen, während Sie sich gedanklich mit etwas ganz Anderem befasst haben. „Trance" ist also einfach ein Zustand der totalen Entspannung. Ihr Gehirn arbeitet im Alpha-Wellen-Bereich, in dem es sich auch kurz vor dem Einschlafen bzw. direkt nach dem Aufwachen befindet. Etwas ganz alltägliches. Die meisten Leute sind daher überrascht, wenn sie das erste Mal bewusst „Trance" erleben, weil sie es einfach als Entspannung wahrnehmen und trotzdem mitbekommen, was um sie herum geschieht. Deshalb sagen sie meist, sie hätten es sich ganz anders vorgestellt.

In der Trance sind Sie allerdings besonders empfänglich für Botschaften, die direkt in Ihr Unterbewusstsein gelangen sollen. Deshalb sollten Sie auch besonders darauf achten, womit Sie sich die letzten 45 Minuten vor dem Einschlafen befassen, denn es wird sich am nächsten Tag in Ihrem Verhalten und Erleben entsprechend wiederspiegeln.

Selbsthypnose vs. Hypnose

Nun fragen Sie sich vielleicht, wo hier der Unterschied liegt. Nun, dies ist recht simpel. Bei einer Selbsthypnose gehen Sie alleine in Trance, während Sie bei einer Hypnose von einem Hypnotiseur geführt werden. Das ist auch schon das ganze Geheimnis.

Während einer Hypnose werden Sie alles mitbekommen, was um Sie herum passiert. Und Sie würden unter Hypnose nie etwas tun, was Sie nicht auch unter normalen Bedingungen tun würden, etwas, was mit Ihren Werten und Weltansichten nicht in Übereinstimmung ist. Ich könnte Sie also unter Hypnose nicht dazu bewegen, eine Bank auszurauben, wenn Sie das nicht bei bewusstem Verstand zumindest als Möglichkeit in Betracht ziehen würden. Sehr wohl ist aber möglich, eine Information in Ihrem Unterbewusstsein zu verstecken, ohne dass Sie davon wissen. So würden Sie als Geheimnisträger unter uns weilen – wobei ich mir ziemlich sicher bin, dass Sie auch so einige Geheimnisse in sich tragen, von denen niemand etwas weiß!?

Die Hypnose ist ein sehr mächtiges Werkzeug, wenn es darum geht, das Leben Ihrer Träume zu gestalten. Denn, wie ich schon sagte, läuft alles in Ihrem Leben nach Ihren mentalen Programmen ab. Diese beeinflussen Ihre täglichen Entscheidungen und sind so verantwortlich für die Art von Leben, das sie augenblicklich führen. Wenn Sie es aber schaffen, selbst zum „Mentalmagier" Ihres eigenen Lebens zu werden, indem Sie neue und förderliche Mentalprogramme für Sie arbeiten lassen, können Sie mehr erreichen, als Sie sich bisher in Ihren wildesten Träumen ausgedacht haben. Das passiert nicht von heute auf morgen. Doch wenn Sie die entsprechenden Bilder erst einmal installiert haben, kann es losgehen. Das Unterbewusstsein führt Befehle aus, es hinterfragt nicht. Es diskutiert auch nicht. Je klarer Sie sich darüber sind, was genau Sie wollen, desto mehr Energie können Sie mobilisieren und desto schneller werden Sie dort ankommen, wo Sie hinmöchten.

Hypnose-Session

Eine Hypnosesitzung beginnt also damit, dass Sie der Hypnotiseur in Trance versetzt. Dafür gibt es unterschiedliche Methoden, die von bestimmten Berührungen bis hin zu festgesetzten Sprachmustern und damit gezielten Suggestionen reichen. Es gibt verschiedene Signale, anhand derer man erkennen kann, wenn der Klient in Trance ist.

Während der Klient nun entspannt ist, beginnt die eigentliche Arbeit. Jetzt ist es möglich, Probleme und Blockaden aufzulösen, neue Ressourcen freizulegen, andere Perspektiven zu gewinnen, Erinnerungen zurückzuholen, einen Raucher in einen Nicht-Raucher zu verwandeln, Stress besser zu bewältigen, Höhenangst oder andere Phobien aufzulösen, ein neues Verhaltensmuster anzulegen oder eine positive Zukunft zu visualisieren. Um nur einige Beispiele zu nennen, denn „the sky is the limit". Prinzipiell ist alles möglich. Mit dem Rauchen aufzuhören lässt sich bereits in ein bis zwei Sessions realisieren, während größere Dinge etwas mehr Zeit und Energie in Anspruch nehmen. Nach einer guten Hypnose werden Sie sich besonders entspannt und tatkräftig fühlen. Denn Sie waren in einem entspannten Zustand, in dem Ihr Verstand eine Pause hatte und neue Ressourcen in Ihnen mobilisiert wurden.

Wenn Sie neugierig geworden sind und mehr über Hypnose erfahren möchten, dann finden Sie im Anhang meine Internetadresse, auf der ich mehr Infos zum Thema bereitstellen werde. Sind Sie sogar bereit, sich hypnotisieren zu lassen? Dann wartet eine neue Welt und eine tiefe Entspannung auf Sie.

Kapitel Dreizehn
Übung macht den Magier

Als ich noch ein kleines Mädchen war, hat mich mein Vater zu Zauberkongressen begleitet. Dort konnte man die verrücktesten Dinge kaufen – sie glichen manchmal einem Jahrmarkt für Freaks. Besonders wenn es langsam dunkel wurde, bekamen die Kästen mit den Messern darin und die umherschleichenden Figuren in ihren langen, dunklen Umhängen mit langen Bärten und schwarzen Hüten fast etwas Furchteinflößendes – zumindest aus meiner damaligen Perspektive. Wenn mein Vater mir dann einen neuen „Trick" gekauft hatte, sagte er immer zu mir: „Jetzt musst du üben, üben, üben." Ich verschwand also in meinem Kinderzimmer und übte. Bis ich das Gefühl hatte, die Griffe so gut zu beherrschen, dass ich den neuen Trick vorführen konnte. Dann ging es los.

Heute ist das noch immer so – viele Zaubereffekte werden nur durch eine sehr gut und regelmäßig trainierte Fingerfertigkeit erreicht. Das bedeutet, oft stundenlang mit sich alleine zu sein – es kann fast wie eine Meditation werden – imd immer und immer wieder den gleichen Griff zu üben. Am Ende erntet man dafür nicht einmal Beifall, denn je besser der Griff ausgeführt ist, z.B. mit Spielkarten, desto weniger sehen die Zuschauer davon! Eine seltsame Ironie.

Zauberei mit Schmerzen

Dabei kann das Üben für die Zauberei auch sehr schmerzhaft sein. Dieses Jahr hatte ich beschlossen, eine neue Fertigkeit zu lernen, die etwas mit Jonglage zu tun hat, mit der ich mich vorher noch nie auseinandergesetzt hatte. Ich wollte sie aber für eine brandneue Bühnennummer mit der Zauberei kombinieren. Ich ging zunächst vor wie in der Magie, beschaffte mir sämtliche DVDs und startete mit dem Training in meiner Wohnung. Ich glaube, dabei blieb fast kein Einrichtungsgegenstand heil, und das Paar unter mir wunderte sich, warum es gegen Mitternacht immer wieder dumpfe Schläge hörte – genau über seinem Schlafzimmer. Dann beschaffte ich mir alle weiteren Requisiten, die ich nur in USA kaufen konnte. Ich meldete mich für einen Kurs mit einem privaten Trainer in Frankfurt an: Fünf Tage intensives Training mit fünf Stunden am Stück. Das brachte mich mental und körperlich an die Grenze. Ich brach mir alle Fingernägel ab und holte mir am ganzen Körper blaue Flecken, verbunden mit starken Rückenschmerzen und Muskelkater. Ich übte mit meinem Trainer unermüdlich und er war ganz angetan von meinem schnellen Fortschritt. Es gelang mir recht gut, meine antrainierte Fingerfertigkeit auf den ganzen Körper auszudehnen. Und da ich das Ziel jedoch genau kannte, konnte ich auch die Motivation und das Durchhaltevermögen aufbringen, am Ball bzw. in diesem Fall an den Flaschen zu bleiben.

Übrigens wird Jonglieren auch empfohlen, um das Zusammenspiel zwischen rechter und linker Gehirnhälfte zu fördern. Es gibt sehr viele – auch deutlich kürzere Jonglierkurse. Dann lernen Sie zwar nur mit drei Bällen zu jonglieren – aber hey, Sie haben schon wieder etwas Neues gelernt. Vielleicht können Sie beim nächsten wichtigen Geschäftstreffen einfach mal für Auflockerung sorgen. Und die Bewunderung für Ihre Fähigkeiten ist Ihnen sicher.

Aber vielleicht gibt es in Ihrem Leben auch etwas Anderes, das Sie gerne lernen würden, etwas, was Sie schon immer können wollten oder von dem Sie sicher sind, dass es Ihnen hilft, das Unmögliche zu verwirklichen. Je mehr Fähigkeiten Sie haben, in denen Sie wirklich gut sind, desto erfolgreicher werden Sie darin, Dinge zu erreichen, die Sie haben möchten oder Menschen zu beeindrucken und für Ihr Team zu gewinnen. Aber nur wenn Sie üben – auch wenn das sehr nach der Lehrertochter klingt, die ich ja auch bin.

Mit dem Üben ist das natürlich so eine Sache: Es erfordert Zeit, die man ja meistens nicht hat. Viele Menschen denken, sie könnten super leicht und nebenbei etwas lernen. Doch so läuft der Hase nun mal nicht. Sie müssen schon etwas investieren. Sie nehmen auch nicht einen Golfschläger in die Hand und spielen sofort wie Tiger Woods oder schwingen einmal den Kochlöffel schwingen und dann schmeckt alles so, als hätte es ein Drei-Sterne-Koch zubereitet. Hinter den meisten Dingen, die leicht aussehen, steckt sehr viel Training. Piloten trainieren viele Stunden am Boden, bevor sie tatsächlich in ein echtes Flugzeug steigen und dieses von Start bis Landung fliegen. Weltklasse Athleten gehen ihren Wettkampf tausende Male im Kopf durch bevor sie ihn tatsächlich ausführen. Das ist übrigens auch ein ganz faszinierender Trick. Bis zu einem gewissen Grad kann unser Unterbewusstsein nicht unterscheiden, ob wir etwas wirklich erlebt haben oder es uns nur vorgestellt haben. So ist es, als hätten wir wirklich trainiert.

Trockentraining im Gehirn

Dazu gibt es ein aufschlussreiches Experiment von Dr. Biasiotto von der University of Chicago. Er teilte eine Gruppe Teilnehmer in drei Teams und testete, wie viele Freiwürfe den Probanden gelangen. Die erste Gruppe begann danach täglich eine Stunde zu trainieren. Die zweite Gruppe visualisierte nur, die drei Freiwürfe auszuführen, während die dritte Gruppe gar nicht trainierte. Nach Ablauf von 30 Tagen testete Dr. Biasiotto seine Teilnehmer erneut: Die erste Gruppe hatte sich um 24 Prozent verbessert. Und die zweite Gruppe hatte sich um 23 Prozent verbessert, obwohl sie keinen Ball angefasst hatte! Gruppe drei hat sich, wie zu erwarten war, nicht verbessert. Deshalb gehe auch ich grundsätzlich jeden Auftritt im Kopf einmal durch, bevor ich ihn tatsächlich auf der Bühne ausführe. Ich überlege mir jeden Schritt. Wo der Tisch steht. Wo ich die Requisiten nach ihrer Verwendung hinlege. Wenn ein Feuer- oder Pyroeffekt involviert ist, wie es danach weitergeht.

Dinge mental durchzuspielen, verschafft Ihnen einen entscheidenden Vorteil, es ist eine Art Trockenübung. Auch NASA-Piloten bereiten sich jahrelang auf ihre Mission vor, bevor sie tatsächlich ins All fliegen. Es ist also ratsam, dass Sie sich mit viel tatsächlichem, aber auch mentalem Üben auf Ihre persönliche Mission vorbereiten. Kommt dann der richtige Moment, können Sie souverän, überlegt und gegebenenfalls auch blitzschnell handeln. Dann gehört der Sieg Ihnen.

Die 10.000 Stunden Regel

Weit verbreitet ist auch die Annahme der 10.000-Stunden-Regel, laut der Sie sich etwa 10.000 Stunden mit etwas auseinandersetzen müssen, bis Sie zur Meisterschaft aufsteigen und die absolute Expertin oder der Experte sind. Vielleicht überlegen Sie sich genau, was Ihnen so viel Freude bereitet, dass Sie damit 10.000 Stunden und noch mehr verbringen möchten? Das ist übrigens auch ein Weg herauszufinden, was Ihnen im Leben wichtig ist und ob Sie sich überhaupt das richtige Ziel gesetzt haben. Wenn Ihr Ziel darin besteht, der Manager Ihrer Firma zu werden, Sie sich aber beim besten Willen nicht vorstellen können, 10.000 Stunden vor anderen zu reden, 10.000 Stunden Budgets zu kontrollieren, 10.000 Stunden Smalltalk zu machen, dann sollten Sie vielleicht Ihr Ziel neu justieren. Und wenn Sie sich derzeit eigentlich nur vorstellen können, 10.000 Stunden Gitarre zu spielen – vielleicht wäre da auch der magische Schlüssel für Ihr Leben – lassen Sie diesen Gedanken doch wenigstens einmal zu.

Menschen wie Mozart, Leonardo da Vinci oder Picasso waren sich ihrer Sache sehr sicher – und die Ergebnisse ihrer Investitionen in ihre persönlichen Fähigkeiten sind uns allen bis zum heutigen Tag bekannt. Lassen Sie sich nicht zu schnell entmutigen, denn es heißt ja auch: Jeder Master war mal ein Desaster. Und vieles Neue ist am Anfang schwer. Selbst wenn Sie einen neuen Menschen das erste Mal küssen, ist das ungewohnt (aber doch auch sehr spannend, oder?). Und schon beim zweiten Mal wird es vertrauter. Bleiben Sie dran, was immer Sie lernen möchten. Sie können sich nur selbst im Weg stehen, wenn es darum geht, diese Fertigkeit zu erwerben. Arbeiten Sie ein bisschen mit den Grundlagen aus dem ersten Teil dieses Buches. Werfen Sie einen Blick auf Ihre Realitäten, auf Ihre Wahrnehmung, auf Ihre Ängste. Justieren Sie Ihre Gedanken ins Positive. Und dann üben Sie und werden zum Magier in Ihrem Bereich!

Meistern schafft Meisterschaft

Ein netter Nebeneffekt Ihres persönlichen Trainingslagers ist auch: Wenn Sie etwas gut gelernt haben, strahlen sie Sicherheit aus. Und Sicherheit gewinnt Vertrauen. So können Sie gewinnen. Auch als Magier muss man sich seiner Sache absolut sicher sein, sonst würde nichts beim Publikum ankommen – denn das Publikum will, dass man weiß, was man tut, es möchte vertrauen. Lassen Sie sich davon überraschen, wie viel Anerkennung Sie von Ihrer Umwelt ernten, wenn Sie etwas (neues) wirklich beherrschen, und wie oft man nach Ihrem Rat fragen wird. Das kann ein magisches Gefühl sein. Und Sie werden sehen, Sie machen nicht nur etwas mit dieser neuen Fähigkeit, sondern diese Fähigkeit macht auch etwas mit Ihnen.

Wie schon erwähnt, braucht man vor allem Zeit um etwas zu üben und zu perfektionieren. Sie können davon ausgehen, dass es zwei Monate bis hin zu einem Jahr dauert, bis Sie eine neue Fähigkeit wirklich meistern. Man sagt ja auch, es dauert etwa 30 Tage, in denen Sie etwas Neues jeden Tag tun müssen, um eine neue Gewohnheit zu etablieren.

Kapitel Vierzehn
Ihre Zeit läuft

In manchen Augenblicken im Leben eines Menschen scheinen die Gesetze der Zeit an Gültigkeit zu verlieren. Genau das sind die Momente, die man wirklich magisch nennt!
Eigentlich ist Zeit nicht existent und wir erleben sie nur dann, wenn etwas geschieht. Versuchen Sie es doch einmal: Stellen Sie sich einem Raum vor, in dem die Zeit stillsteht. Es gibt also keinerlei Veränderungen. Alles bleibt immer gleich, keine Bewegung, keine Alterung, keine Vergänglichkeit, keine Entwicklung, immer das exakt selbe, die Zeit fließt nicht, somit ist auch sonst nichts im Fluss – absoluter Stillstand. Schauen wir uns das Zeitphänomen genauer an und wie Zeit eigentlich alles in unserem Leben kontrolliert.

Zeit ist relativ

Am Medium Film habe ich immer bewundert, wie sehr die Zeit manipuliert werden kann und wie stark sich unsere Wahrnehmung täuschen lässt. Ein Spielfilm dauert in der Regel 90 Minuten. Dennoch ist es möglich, Geschichten, die sich sogar über Jahrhunderte erstrecken, ja das Leben ganzer Generationen, in diesen 90 Minuten zu erzählen. Wir lassen uns so sehr auf die Handlung ein, dass wir unsere reelle Zeit vergessen und dem Zeitfluss auf der Leinwand folgen.

Ich setze in meinen Shows immer alles daran, dass es für die Zuschauer spannend ist, dass sie in das Geschehen absorbiert werden und unbedingt wissen möchten, wie der Effekt endet. Stimmt meine Vorhersage am Ende der Show? Konnte ich all die Entscheidungen beeinflussen, um wirklich vorherzusagen, welches Datum seines persönlichen Lebens sich ein Zuschauer nur ausgedacht hat. Ich setze die Zuschauer immer neuen Reizen aus. Die Geschwindigkeit der Präsentation, Requisiten, Lautstärke meiner Stimme, überraschende Wendungen, all das macht die Show aufregend – und die Zeit vergeht wie im Flug.

Im Alltag ist es dasselbe. Passieren an einem Tag viele neue, überraschende, angenehme Dinge, vergeht er sehr schnell. Je weniger neue Reize es in unserer unmittelbaren Umgebung gibt, desto langsamer scheint dagegen die Zeit zu vergehen. Sicher hatten Sie auch schon einmal das „Vergnügen", irgendwo auf einer Behörde eine Nummer zu ziehen, um dann zu warten, bis Ihre Nummer angezeigt wurde. Die Zeit scheint fast stehen zu bleiben. Sie schauen ständig auf die Uhr ... gerade einmal fünf Minuten vergangen ... und nur weitere drei Minuten vergangen. Sie werden unruhig und haben am Ende das Gefühl, zwei Stunden dort festgehangen zu haben, obwohl gerade einmal 20 Minuten verstrichen sind. Oder denken Sie an die ersten Tage eines Urlaubs ¬– am besten noch an einen Ihnen unbekannten Ort. Sie sind aus Ihrem gewohnten Alltag gerissen, die Muster sind durchbrochen, alles ist neu für Sie und Sie glauben, die Zeit verginge langsamer. Haben Sie sich dann eingelebt, vergehen die Tage (leider) wieder rasend schnell.

Zeit ist also auch eine Sache unseres eigenen Empfindens. Wenn Sie nun also Magie ausstrahlen möchten, müssen Sie immer dafür sorgen, dass Ihre „Zuschauer", seien das Kollegen, Chefs, Freunde oder der Partner, in Ihrer Gegenwart die Zeit nicht als zähflüssig empfingen. Überraschen Sie sie mit neuen Ideen, bringen Sie sie zum Staunen (über Ihr Wissen und Ihre Fähigkeiten, ohne damit anzugeben) und vor allem gehen Sie auf sie ein. Nichts ist für die meisten Menschen spannender, als wenn man sich mit ihrer Person beschäftigt. Das nur als Tipp am Rande.

Raus aus den Zeitschablonen

Die Zeit gibt den Rhythmus unseres Tages vor und wir orientieren uns an ihr. Es gibt Experimente von Zeitforschern, die sogar so weit gegangen sind, dass sie sich mehrere Monate lang in eine dunkle Höhle unter der Erde zurückgezogen haben, also eine Art Ort außerhalb unserer Zeit. Kein Sonnenaufgang, keinerlei Anzeichen darauf, dass die Zeit vergeht. Interessanterweise hat sich der Tagesrhythmus dieser Forscher innerhalb relativ kurzer Zeit trotzdem auf etwa 24 Stunden eingependelt, ganz von alleine. Es scheint also doch so, als würden wir diese innere Uhr haben, die unser Leben und auch uns steuert. So werden wir beispielsweise in der Regel immer nach etwa 16 Stunden Wachsein, müde. Egal, an welchem Ort und unter welchen Umständen wir uns befinden. Zeit ist also auch etwas ganz Natürliches. Ein natürlicher Rhythmus. Ignoriere wir ihn, macht uns das häufig krank.

Viele Menschen leben allerdings nach vorgefertigten Zeitschablonen und lassen ihren Tag bis hin zu ihrer Freizeit davon bestimmen. Doch die große Freiheit kommt erst, wenn man sich die Möglichkeit schafft, sein Leben nach seinem eigenen Rhythmus zu leben. Damit ist man nicht nur wesentlich produktiver, denn jeder Mensch hat seine eigenen Hochs und Tiefs im Lauf des Tages, sondern es löst einen von Konventionen und Vorgaben, sodass man den Kopf freibekommt, für komplett neue Dinge und Herangehensweisen.

Natürlich möchte ich jetzt nicht, dass Sie sofort ihren Job kündigen, weil der Sie in bestimmte Zeitschablonen steckt. Aber hören Sie doch einfach einmal auf sich selbst und beginnen Sie, Ihren Tagesablauf darauf auszurichten. Sie sind eigentlich Frühaufsteher, gehen aber ihrem Partner zuliebe meist spät ins Bett? Versuchen Sie einmal eine Woche lang, ihrem eigenen Rhythmus zu folgen. Ich würde wetten, es geht Ihnen besser, Sie sind produktiver – und Sie haben eine ganz andere Präsenz auch Ihrem Partner gegenüber. Magie!

Und auch für die Arbeit gitl: Wenn irgend möglich, hören Sie auf Ihren Rhythmus. Überlegen Sie, wann Sie sich stärker fühlen, und versuchen die Arbeiten, die für Sie am schwersten sind (oder auf die Sie am wenigsten Lust haben) genau in diesen Zeiten zu erledigen. Und das, was Ihnen leichtfällt und mehr Spaß macht, legen Sie in Ihre schwächeren Stunden. Und noch eins: Arbeiten Sie in 90-Minuten-Blöcken. Das heißt, stellen Sie einen Wecker, arbeiten Sie für eineinhalb Stunden konzentriert und ohne Ablenkung, danach machen Sie eine Pause. Das gibt magische Power. Ein ganz einfacher Trick.

Perfektes Timing

Auch das Thema „Timing" hat natürlich mit Zeit zu tun. In der Zauberei ist das richtige Timing der zentrale Faktor. Alles muss genau koordiniert sein: das, was das Publikum erlebt, und das, was ich nebenher, quasi im Geheimen tue. Jeder Handgriff, jedes Wort muss perfekt getimt sein, um die größtmögliche Illusion für den Moment zu kreieren. In einen solchen Moment fließt eine Menge Planung, Scripting und Übung. Wenn das Timing nicht stimmig ist, merken es die Zuschauer sofort.

Auch in unserem täglichen Leben, davon bin ich überzeugt, ist das richtige Timing entscheidend. Ich habe, zumindest für mich, im Laufe der Zeit festgestellt, dass es fast so scheint, als würde jeder Wunsch irgendwann von alleine in Erfüllung gehen. Vorausgesetzt das Timing stimmt. Aber wahrscheinlich hatte ich da oft auch Glück. Viele Herzenswünsche brauchen eben Geduld und manchmal auch die Gabe, Dinge loslassen zu können. Denn wie wir wissen, erzeugt Druck Gegendruck. Ich habe auf meinem Computer ein sehr passendes Bild dazu. Auf diesem steht ein Mönch auf einem Floß auf einem Fluss und eine weiße Friedenstaube landet auf seiner Hand. Darüber steht: „Alles kommt im richtigen Moment ganz von alleine zu uns."

Aber natürlich gab es bei mir auch schon echte Herzenswünsche, die einfach nicht in Erfüllung gehen wollten, egal, wie sehr ich mich auch angestrengt habe. Und manche wurden mir Jahre später, als ich den Wunsch längst losgelassen und vielleicht beinahe schon vergessen hatte, auf einem Silbertablett serviert – und waren dann oft gar nicht mehr wichtig. Deswegen ist es ja so wichtig, seine Wünsche immer einmal wieder zu hinterfragen, in sich hineinzuhorchen, ob sie noch eine Rolle spielen oder sie vielleicht nur noch ein Überbleibsel sind.

Timing braucht Geduld

Auch im beruflichen Bereich brauchen manche Dinge einfach hre Zeit, um entstehen zu können. So ist es dann nur „eine Frage der Zeit", bis Sie Ihr Ziel erreichen, wenn Sie genug Disziplin und Durchhaltevermögen aufbringen. Nutzen Sie die Zeit, um ihr Wissen zu erweitern, um an ihrer Präsenz zu arbeiten. Zugegeben, das bedeutet also doch, dass der Erfolg nicht von alleine kommt. Ich habe dann doch in ihn investiert. Ja, Erfolg passiert in der Tat äußerst selten über Nacht. Es steckt sehr viel Vorbereitung dahinter. Aber, indem Sie sich mit Ihrem Wissen beschäftigt haben, und damit, Ihre Stärken in der für Sie besten Zeit auszuüben, indem Sie sich immer wieder Zeit nehmen, neue Gedanken zuzulassen, neue Ideen zu denken, natürlich auch Ihr Zauberbuch zu führen, vergeht die Zeit wie im Fluge. Und der Erfolg kommt dann plötzlich eben doch irgendwie ganz von alleine. Ich muss Sie allerdings warnen: Vielleicht sieht der Erfolg dann ganz anders aus, als Sie am Anfang dachten. Aber das macht ja nichts, Sie haben Ihre Wünsche ja immer wieder hinterfragt, oder? Dann ist der Erfolg ja Ihren aktuellen Vorstellungen angepasst. Übrigens: Auch, wenn Sie einen neuen Partner kennenlernen wollen, müssen Sie einfach Zeit investieren. Die wenigsten Dinge geschehen von heute auf morgen. Sie müssen sich immer wieder damit befassen. Sie müssen ihre Hausaufgaben machen, sich darauf vorbereiten. Treten sie dann ein, entsteht für die Außenwelt manchmal der Eindruck, der Durchbruch sei über Nacht erfolgt. Das ist doch wunderbar. Dann sind Sie ein Zauberer. Ein schönes Beispiel dafür ist übrigens Ray Krock, den Erfinder von McDonalds. Er erzählt von sich selbst, dass er über Nacht erfolgreich geworden sei – allerdings, so seine Worte, habe diese Nacht 30 Jahre gedauert!

Für den Anfang gibt es kein Timing

Nun habe ich gerade beschrieben, dass das richtige Timing entscheidend ist. Aber: Das richtige Timing für die Erfüllung eines Wunsches, das richtige Timing für das Einstellen von Erfolg hat nichts mit dem richtigen Timing des Anfangens zu tun. Es tut mir leid, diese Ausrede muss ich Ihnen nehmen. Ein magischer Tipp von mir an dieser Stelle: Wenn Sie eine Idee haben, wenn Sie etwas versuchen möchten, wenn Sie mit Ihrem Zauberbuch beginnen möchten: Warten Sie nicht auf den richtigen Zeitpunkt, den gibt es nicht. Wenn Ihnen etwas wirklich wichtig ist, dann machen Sie es. Sprechen Sie den Mann an, gründen Sie Ihr Business, buchen Sie die Weltreise, schreiben Sie Ihr Buch. Egal was, bringen Sie den Ball ins Rollen, schauen Sie, welche Karten Ihnen zugespielt werden und lassen Sie sich von den magischen Ergebnissen inspirieren und in ungeahnte Höhen schwingen! Sie werden es nicht bereuen. Es gibt Menschen, die warten ihr ganzes Leben darauf irgendetwas zu tun, bis es zu spät ist. Es gibt nicht den richtigen Zeitpunkt für einen Anfang, denn es ist immer der richtige Zeitpunkt anzufangen. Mit dem ersten Schritt können Sie doch nichts falsch machen.

Carpe Diem

Wir haben nicht unbegrenzt Zeit – da nützt auch keine Magie. Deshalb macht es Sinn, das Beste aus seiner Zeit zu machen. Wenn Sie es nicht tun, wird es irgendwann jemand anders tun und schließlich mit Ihrer Idee erfolgreich. Von einem Augenblick auf den anderen ist Ihr Traummann, Ihre Traumfrau mit jemand anderem verheiratet, weil Sie bis in alle Ewigkeit gewartet haben, ihn/sie anzusprechen; oder jemand setzt Ihre Geschäftsidee um und wird damit Multimillionär. Dieses Leben, das Person Y nun lebt, hätte auch Ihres sein können. Wenn Sie nur die Gunst der Stunde genutzt und den ersten Schritt gewagt hätten. Tja, die meisten Dinge sind erstaunlicherweise nur wenige Entscheidungen von Ihnen entfernt. Treffen Sie die Entscheidung und kommen Sie ins Handeln. Das kann der Beginn Ihrer eigenen spannenden Geschichte sein.

Zeit heilt alle Wunden – wenn wir sie lassen

Vielleicht ist das die größte Macht der Zeit: Sie heilt alle Wunden. An dieser Aussage habe ich selbst auch schon einmal gezweifelt, als meine Mutter so krank war und uns schließlich verließ. Nun ja, manche Dinge brauchen einfach viel Zeit, um zu verheilen, um sich in unseren Gedanken und Empfindungen zu verändern. Aber wir können der Zeit bei unserer Heilung helfen.

In Gedanken haben wir jederzeit die Möglichkeit, in die Vergangenheit zu reisen, hier können wir selbst die Grenzen von Zeit und Raum aufheben. Und statt dann in Gedankenspiralen einzusteigen, um uns immer nur mit Dingen aus der Vergangenheit zu beschäftigen, die nicht funktioniert oder uns verletzt haben, können wir auch Kraft aus der Vergangenheit schöpfen.

Es kann wunderschön sein, die außergewöhnlichen Momente unseres Lebens bei unseren mentalen Zeitreisen lange auszudehnen, sich darin aufzuhalten, alle Details noch einmal zu erleben und so im Umkehrschluss all die positive Energie und Gefühle zu intensivieren. So beschäftigen wir uns mit Heilung nicht mit der Verhaftung. Haben wir bessere Gefühle, treffen wir bessere Entscheidungen und unser Leben wird allgemein besser. Was war Ihr schönster Moment im letzten Jahr? Begebe Sie sich auf eine kleine Zeitreise durch ihre schönen Momente. Und egal, was in Ihrem Leben passiert, diese Momente kann Ihnen nie wieder jemand wegnehmen – sie gehören Ihnen. Unabhängig von Zeit und Raum.

Die Wenn-dann-Falle

So faszinierend das Thema Zeitreisen ist, ich warne allerdings vor Wenn-dann-Spielen. Wahrscheinlich haben wir alle schon einmal darüber nachgedacht, wie unser Leben heute wohl aussehen würde, hätten wir zu einem bestimmten Zeitpunkt in unserer Vergangenheit eine andere Entscheidung getroffen. Doch das sind nur Szenarien in unserem Kopf – nur selten erhalten wir die Chance etwas zu "korrigieren".

Es gibt aber auch eine Zukunfts-Wenn-dann-Falle, in die Viele Menschen tappen. Sie denken immer: „Wenn ich erst dieses Auto, dieses Haus, diese Beförderung, diesen Partner habe, dann ..." Das ist ein großer Trugschluss! Wenn Sie Ihre Gedanken immer so konditionieren, wird Folgendes passieren: Sobald Sie Zustand X erreicht haben und sich nicht die erwünschte Veränderung eingestellt hat, hecheln Sie auch schon wieder Zustand Y hinterher. Ein Fass ohne Boden. Und niemand weiß, wieviel Zeit Ihnen hier noch bleibt, sodass es gefährlich ist, sein Glück immer nur in eine mögliche Zukunft zu verlagern. Sie leben jetzt. Nicht morgen, nicht nächste Woche und nicht in einem Monat. JETZT ist alles, was zählt. JETZT legen Sie die Grundsteine dafür, wie Ihr Leben in einem Monat, einem Jahr aussehen wird.

Zeit bringt immer Veränderungen mit sich. Dinge verändern sich, Menschen verändern sich, manches wird besser, manches schlechter. Doch wie immer eine Situation ist, sie wird niemals genau gleichbleiben. Darauf muss man sich einstellen. Die Zeit macht uns immer wieder die Vergänglichkeit bewusst, nicht nur unsere eigene. Egal, was wir tun, wie viel Geld wir im Leben verdienen oder wie viel Energie wir mobilisieren können: Die Zeit vergeht und was vergangen ist, können wir nie wieder zurückholen oder verändern. Es liegt hinter uns. Deshalb ist es entscheidend, immer im jeweiligen Moment zu sein und das Beste aus ihm zu machen. Denn im nächsten Moment wird auch dieser Moment bereits unwiederbringlich vergangen sein. Nutzen Sie Ihre Zeit, nutzen Sie den Moment, machen Sie ihn magisch. Für sich selbst und für die Menschen die daran beteiligt sind. Wenn Sie nichts ändern, werden die nächsten sechs Monate genauso aussehen wie die letzten sechs Monate! Möchten Sie das wirklich?

Die Zeit bringt nun mal die Kausalität von Ursache und Wirkung mit sich. Im Fluss der Zeit setzen wir für alles eine Ursache, um früher oder später die Wirkung davon zu erfahren. Alles, was jetzt gerade in Ihrem Leben passiert, ist eine Auswirkung von Entscheidungen und Handlungen, die Sie irgendwann einmal getroffen bzw. ausgeführt haben. Sie sind damit nicht zufrieden? Ich denke, inzwischen wissen Sie ziemlich genau, was Sie zu tun haben ...

Die Sanduhr anhalten

Ich habe eine tolle Illusion, die ich jedoch selten vorführe: Eine große Sanduhr, durch die der Sand rieselt. Wenn ich mit meiner Hand in die Nähe der Uhr gehe, hört er auf zu fließen, so lange ich möchte, bis ich ihm wieder das Signal gebe weiterzufließen – damit habe ich scheinbar den Fluss der Zeit angehalten – für diesen Augenblick. Es ist eine sehr schöne Illusion, die zum Nachdenken anregt. Genauso wie das folgende Gedankenspiel. Spielen Sie es mit?

Stellen Sie sich Folgendes vor:
Sie haben einen Preis gewonnen. Dieser Preis besteht darin, dass Ihnen Ihre Bank jeden Tag ein Konto mit einem Betrag von 86.400 Euro zur freien Verfügung stellt. Dieser Preis beinhaltet nur zwei Regeln:

Regel 1:

Alles, was Sie im Laufe des Tages von diesen 86.400 Euro nicht ausgeben, wird Ihnen von der Bank wieder genommen. Es ist also nicht möglich, den nicht ausgegebenen Betrag auf ein anderes Konto zu überweisen.

Regel 2:
Ohne Vorwarnung kann Ihnen die Bank von heute auf morgen das Konto sperren. Sie bekommen also kein neues mehr.

Was würden Sie mit diesem täglichen Geld machen?

Vielleicht alles kaufen, was Sie sich schon lange gewünscht haben? Menschen beschenken, die Sie schätzen und lieben? Später vielleicht sogar Menschen, die Sie nicht persönlich kennen?

Sie würden wahrscheinlich versuchen, jeden Cent auszugeben und zu nutzen, da der Geldfluss ja plötzlich vorbei sein kann.

Nun ist dieses Beispiel nicht so weit hergeholt. Denn jeder von uns hat so ein Konto. Nur ist es kein Bankkonto, sondern ein Zeitkonto.

Und jetzt überlegen Sie noch einmal.

Kapitel Fünfzehn
Magische Fragen

Würden Sie gerne wissen, wie Sie im Flugzeug einen guten Platz bekommen oder im Hotel ein Upgrade? Wie Sie jede Menge Zeit sparen, mehr Geld verdienen, mit ihrem Traumpartner ausgehen oder einen richtig guten Deal abschließen können? Es gibt einen ganz einfachen Zaubertrick, den man nur ein bisschen üben muss und für den man ein bisschen Mut braucht. Ich werde ihn Ihnen verraten.

Wie haben Sie das gemacht?

Oh nein, nun muss ich Sie enttäuschen. „Wie haben Sie das gemacht?" ist sicher eine der häufigsten Fragen, die wir Magier und Zauber gestellt bekommen. Aber darauf werden Sie niemals eine Antwort bekommen. Was die Zauberkunst am Leben erhält, sind Geheimnisse. Ein geheimes Wissen darüber, aus welchen Elementen und geheimen Handlungen sich eine Illusion zusammensetzt. In der Welt der Magie ist es unsere Aufgabe als Magier, die Geheimnisse zu hüten, denn nur so kann die Fantasiewelt für die Zuschauer entstehen.

Geheimnisse sind prickelnd. Für manche Leute sind Geheimnisse zwar auch mit Schuldgefühlen verbunden – und manchmal sicher zu Recht. Andere wiederum finden, dass das Leben durch Geheimnisse spannender wird. Auch in Beziehungen sind die meisten eher der Meinung, dass jeder Partner noch seine Geheimnisse haben sollte. So oder so sind Geheimnisse immer mit einem Hauch von Mystik verbunden und sie machen uns neugierig. Wir können selten widerstehen, wenn uns jemand fragt „Soll ich dir ein Geheimnis verraten?". Nun, ein Zaubergeheimnis werden Sie in diesem Buch nicht finden, die sind alle sicher verwahrt in meinem Kopf hinter einer Tür, zu der nur ich den Schlüssel habe. Ich weihe sogar Bühnentechniker bei

größeren Shows nur ein, wenn es denn unbedingt sein muss.
Sehen Sie, und jetzt wollen Sie endlich wissen, was denn das Geheimnis ist, das ich Ihnen dennoch verraten werde? Es ist ganz einfach: Fragen Sie nach dem, was Sie gerne hätten!

Fragen Sie mutig

Fragen Sie nach dem, was Sie haben möchten und – wie von Zauberhand – werden Sie sehr oft, genau das erhalten. Unter Vertriebsprofis gibt es einen Spruch, der eigentlich auch ein perfekter Zauberspruch sein könnte: „Ein „Nein“ habe ich schon, ein „Ja“ kann ich immer noch bekommen“. Das ist magisch! Und wahr!

Wenn ich mit dem Flugzeug unterwegs bin, frage ich immer, ob ich weiter vorne sitzen kann. Die meisten Mitmenschen würden einfach ihren Boarding-Pass auf den Tresen legen und das „Universum“ entscheiden lassen, auf welchem Platz sie im Anschluss landen. Mir spart es jedoch eine Menge Zeit, denn so bin ich bei der Landung viel schneller wieder aus dem Flugzeug raus. Bei einer Geschäftsreise mit Handgepäck eine echte Zeitersparnis. Nur, weil ich gefragt habe.

In Hotels verhält es sich ganz ähnlich. Gerade in besseren Hotels ist das Personal meist sehr serviceorientiert und somit gerne hilfsbereit. Vor Kurzem bin ich in Amsterdam, wo ich zuvor noch nie war, einfach in ein Hotel gelaufen, in dessen unmittelbarer Nähe ich geparkt hatte. Ich bin also an die Rezeption, habe gesagt, dass ich dieses Mal zwar in Den Haag übernachten würde, aber Interesse am Hotel habe und ob sie mir sagen könnten, wo ich eine Grachtenfahrt machen könne, was ich schon immer einmal machen wollte. Sie verwies mich an den Concierge, der gleich die passende Stadtkarte hatte, sowie direkt die Tickets für die Bootstour ausdruckte. Kein Schlangestehen, kein zielloses Umherirren, einfach direkt auf den Punkt. Gut, und ein kleiner Trick. Aber: Wieder hatte ich eine Menge Zeit gespart und konnte schon wenige Minuten später ins richtige Boot einsteigen. Überraschenderweise gab es von der netten Rezeptionistin noch ein warmes Schokocookie. Einfach so. Weil ich nett war. Tatsache ist auch: Wenn Sie den Menschen etwas geben, dass sie normalerweise nicht bekommen hätten, werden auch Sie etwas zurückerhalten, dass Sie normalerweise nicht erwarten. Es hat bei mir auch funktioniert. Dank des Schokocookies werde ich, sollte ich in Amsterdam übernachten, in diesem Hotel nach einem Zimmer fragen.

Fragen Sie, wenn Sie etwas möchten. Wenn Sie nicht fragen, haben Sie das „Nein“ auf alle Fälle. Wenn Sie fragen, haben Sie die Chance auf ein „Ja“. Manchmal braucht eine solche Frage ein wenig Mut, insbesondere, wenn Ihnen das „Ja“ sehr wichtig ist. Aber auch hier kann ich nur empfehlen: üben, üben, üben. Probieren Sie es bei einfacheren Dingen und hangeln sich langsam nach oben. Sie werden staunen, wie viele Wünsche Ihnen erfüllt werden, einfach weil Sie danach gefragt haben.
Für alle Besserwisser: Nein, wenn Sie nach dem Brillantkollier beim Juwelier fragen, werden Sie es aller Wahrscheinlichkeit nach nicht bekommen. Aber ich bin mir sicher, Sie haben schon verstanden, was ich hier meine.

Chancen nicht verpassen

Wenn Sie nach dem fragen, was Sie möchten, sind Sie schon deshalb im Vorteil, weil die meisten Menschen entweder nicht auf die Idee kommen zu fragen oder aber sich nicht trauen zu fragen. Denn wir alle haben wohl oft genug den Satz gehört „Auf dumme Fragen gibt es dumme Antworten“. Schon ist ein entsprechender Glaubenssatz in unserem Kopf entstanden und wir sagen lieber nichts, bevor wir irgendwo anecken, uns lächerlich machen, oder von der anderen Seite zurückgewiesen werden. Ein normales Verhalten. Dennoch lösen sich durch diese antrainierte Zurückhaltung jede Menge einzigartiger Chancen direkt vor Ihren Augen in Luft auf. Auf einer Party erzählt jemand, dass er gerade ein neues, sehr interessantes Projekt startet, bei dem Sie gerne mitmachen würden. Lassen Sie sich nicht einfach die Visitenkarte geben oder fragen vorsichtig nach, ob man sich vielleicht einmal darüber unterhalten könne. Fragen Sie, ob Sie dabei sein könnten. Am nächsten Morgen ist vielleicht schon ein anderer dabei. Viele Chancen kommen nicht so ohne Weiteres wieder – sie ergeben sich oft einfach nur aus dem jeweiligen Moment, und nur für diesen Moment. Wer zögert, verliert.

Und: Die meisten Menschen sind erstaunlich hilfsbereit, wenn Sie einfach nach etwas fragen. Sie freuen sich sogar in den meisten Fällen darüber, weil Sie helfen können oder einfach, weil Ihr Mut zu fragen, erfrischend anderes ist und vielleicht über die ablaufenden Standardprozesse hinausgeht.

Probieren Sie es aus, wenn Sie mal wieder unterwegs sind, oder bei einer von vielen anderen Gelegenheiten, die Ihnen täglich über den Weg laufen. Es ist geradezu magisch, was man mit einer kleinen Frage alles erreichen kann! Diese kleinen Fragen machen einem das Leben wirklich leichter und sie können bereichernde Ergebnisse erzeugen. Und manchmal gewinnen Sie einfach etwas mehr Zeit, die Sie für die wirklich entscheidenden Dinge einsetzen können.

Sie haben nichts zu verlieren

Wenn Sie den Mut aufbringen zu fragen, vermeiden Sie auch Situationen, in denen Sie vielleicht irgendwann bereuen, dass Sie damals nicht gefragt haben. Fragen Sie den Mann, die Frau Ihrer Träume doch einfach nach einem Date. Wenn Sie nicht fragen, werden Sie nie erfahren, ob er/sie vielleicht doch spontan „Ja“ gesagt hätte. Das ist wie Lotto spielen, ohne den Lottoschein auszufüllen. Erstaunlicherweise bekommt man sogar in vielen größeren Elektronikshops interessante Rabatte, wenn man einfach nachfragt. Sie kennen das vielleicht aus südlichen Ländern. Einige von ihnen scheinen mit einer Art Verhandlungstalent im Blut geboren zu werden. Beim Handeln lassen sie sich auch durch nichts aus der Ruhe bringen. Für uns ist dass dann gar nicht so einfach, wenn wir auf einem entsprechenden Markt sind, und endlos über den Preis verhandeln müssen. In den USA ist es meist so: je mehr Sie kaufen, desto günstiger wird es. Bei uns gibt es das auch, meist aber als ausgeschriebenes Sonderangebot. Fragen Sie doch einfach mal danach, auch wenn es Ihnen kein offizielles Sonderangebot „erlaubt".

Profis fragen

Auf Zauberkongressen gibt es oft relativ komplexe Workshops, in denen die großen internationalen Meister ihr Können zeigen, es dann aber auch erklären – schließlich ist man unter sich. Meistens ist die Erklärung allerdings fast so schnell wie der eigentliche Kniff. Gerade wenn es um Kartengriffe geht, darf man besser nicht blinzeln. Es ist dann eine echte Herausforderung zuzuschauen, Notizen zu machen und vielleicht noch nebenher das ganze mit einem eigenen Kartenspiel zu simulieren – alles neu, alles ungewohnt. Aber keiner hat gesagt, dass man diese Kollegen später nicht ansprechen darf und nachfragen. Fast alle von ihnen sind sehr nett und bieten das sogar an. Dann zeigen sie einem persönlich den jeweiligen Griff. Eine super Chance. Man muss sie eben einfach nur ansprechen und fragen und schon geht's los. Personal Magic Training!

Das funktioniert natürlich nicht nur bei Zauberprofis. Wenn es eine echte Koryphäe auf Ihrem Gebiet gibt und Sie haben die Möglichkeit, ihn oder sie bei einem Seminar anzusprechen und nach einem gezielten Rat zu fragen, machen Sie es! Ein solch kurzes Gespräch kann unglaublich wertvoll sein und Sie innerhalb von Minuten um Monate nach vorne bringen! Das Geniale daran ist, dass sich diese Menschen, gerade wenn sie besonders erfolgreich sind und über ein entsprechendes Charisma verfügen, sogar geehrt fühlen, wenn Sie gefragt werden. Denn damit zeigen Sie ja, dass Sie sich für ihre Arbeit interessieren. Sie sind also oft geschmeichelt, Ihnen einen professionellen Rat mit auf den Weg geben zu können. Denn sie alle standen auch irgendwann einmal an dem Punkt, an dem Sie gerade stehen. Wahre Größen wissen das. Deshalb sind sie auch authentisch und begegnen Ihnen auf Augenhöhe. Egal, wie weit der Weg noch ist, der vor Ihnen liegt.

Beantworten Sie Fragen

Am besten sind auch Sie umgekehrt dafür aufgeschlossen, Fragen Ihrer Mitmenschen, Freunde, Fans oder auch völlig fremder Menschen zu beantworten. Bestimmt konnten Sie auch schon einmal jemandem wirklich weiterhelfen und können sich erinnern was für ein gutes Gefühl das war. Auch das ist eine Bereicherung. Klar ist, je mehr Sie über eine Sache wissen, desto mehr Fragen können Sie auch beantworten (siehe Kapitel „Wissen ist Magie"). Ob Sie nun einem Fremden den Weg in Ihrer Heimatstadt erklären oder jemand eine Weisheit vermitteln, die sein Leben verändern kann, spielt keine Rolle. Alles, was Sie tun, hat Auswirkungen. Manche Steine, die wir ins Wasser werfen, sind eben kleiner und andere größer oder sogar ganze Felsbrocken.

Ich frage die Zuschauer in meinen Shows auf der Bühne oft die unwahrscheinlichsten Dinge. Sie antworten alle und sind bereit, Teil eines magischen Experiments zu werden, weil sie in diesem Moment einfach denken, dass es zur Show gehört. Wenn ich jedoch nicht fragen würde, würden sie natürlich auch nie auf die Idee kommen, mir diese Antworten einfach so zu geben.

Sie kennen die Antwort nicht – wie wunderbar

Fragen bedeutet aber auch, offen zu sein für Unerwartetes. Manchmal mag Sie die Antwort, die Ihnen jemand gibt, überraschen. Das ist doch wunderbar. Sie erfahren etwas ganz Neues. Und eigentlich ist es doch so: Wenn Sie die Antwort schon wüssten, würden Sie doch nicht fragen.

Im Leben kommt es immer mal wieder zu unvorhergesehen Ereignissen. Auch wenn wir nach bestimmten Dingen fragen, wissen wir natürlich nie so genau, wie das Ganze ausgeht und wo der Weg hinführt. Um hier die innere Balance zu halten und nicht die Nerven zu verlieren, brauchen wir eine sehr wichtige Fähigkeit, die auch für jeden Zauberer besonders entscheidend ist: eine gewisse Flexibilität. Und darum ist sie auch das Thema des nächsten Kapitels.

Kapitel Sechszehn
Flexibilität – Puffer für das Unerwartete

Eine der beliebtesten Fragen, die mir Menschen stellen, gleich nach den Fragen, wie ich zum Zaubern kam, und natürlich auch, wie ein bestimmter Trick funktioniert, ist: „Geht denn auch mal etwas schief?" Das ist die Lust der Menschen an der Katastrophe anderer: Die Formel 1 ist am interessantesten, wenn ein Rennwagen im Kiesbeet landet oder sich überschlägt. Das liegt wohl leider in unserer Natur und auch der Grund dafür, dass Menschen bei Unfällen bremsen, um zu sehen, was passiert ist.

Ich persönlich finde es alles andere als spannend, wenn bei mir mal etwas schiefläuft. Ich bin dann eher schlecht gelaunt. Aber in der Magie habe ich einen großen Vorteil: Wenn eine Sängerin oder ein Sänger auf einem großen Live-Konzert den falschen Ton erwischt, fällt das dem Publikum sofort auf. Bei der Magie wissen die Zuschauer für gewöhnlich nicht, wie der Effekt am Ende hätte aussehen sollen. Das gibt mir die Gelegenheit, etwas gegenzusteuern. Und manchmal sind dadurch tatsächlich schon komplett neue Effekte entstanden! Denn ich musste mir mitten in der Show einfach etwas einfallen lassen, um aus der prekären Situation herauszukommen. Vor Jahren ist mir allerdings einmal der Ring eines Zuschauers im Kaugummiautomaten auf der Bühne verschwunden, und das auch noch in Abu Dhabi. Das war wirklich schlimm für mich, kann aber in einer Live-Show passieren. Und dann kann man diesen Patzer leider nicht wie beim Fernsehen einfach herausschneiden, um ein perfektes Endergebnis zu schaffen. Da hilft nur noch magischer Charme.

Wasser, Marsch

Na gut, geben wir also unserer Katastrophen-Sehnsucht ein bisschen nach: Bei einem Kollegen von mir ist vor wenigen Jahren etwas so richtig schiefgelaufen! Und das auch noch bei einem magischen Wettbewerb. Sie erinnern sich vielleicht an die Wassertank-Illusion, die ich im Kapitel „Das Spiel mit der Angst“ beschrieben habe, bei der der Magier gefesselt im Wassertank nur wenigen Minuten Zeit für seine Befreiung hat. Diese Illusion hat der Kollege also vorgeführt – und mittendrin ist die Glasscheibe zersprungen. Mehr als 1000 Liter Wasser strömten über die Bühne und ins Auditorium. Die Zuschauer in den ersten Reihen gingen im wahrsten Sinne des Wortes baden.

Kleine Zwischenbemerkung, die auch ein bisschen mit Flexibilität zu tun hat: Die meisten Menschen wissen, dass es oft nicht ohne Folgen bleibt, in einer Zaubershow in der ersten Reihe zu sitzen! Manche sitzen genau aus diesem Grund dort. Dieses Muster breche ich gerne auf und hole mir Zuschauer aus den hintersten Reihen. Was nämlich leicht übersehen wird: Die Zuschauer dort hinten kann ich von der Bühne viel besser sehen, weil mich die Scheinwerfer nicht blenden.

Zurück zur Flexibilität und dem Grund, warum ich Ihnen diese magischen Pannen erzähle: Natürlich gehen in der Zauberei, wie überall im Leben, auch Dinge schief. Das gehört eben dazu. Jedem von uns bleibt aber die Entscheidung, wie wir darauf reagieren, wie wir mit der jeweiligen Situation umgehen, in der Show genauso wie im Leben. In einer Show sind natürlich schnelle Entscheidungen gefragt: Während einen alle Zuschauer erwartungsvoll ansehen, bleibt nicht viel Spielraum, um einen passenden Ausweg zu finden. Und außerdem sollte man als Magier natürlich niemals zugeben, dass gerade etwas schiefgelaufen ist. Aber schließlich gelten wir als Meister der Ablenkung. Deswegen bleibt es unser Geheimnis, wo beziehungsweise von was wir gerade ablenken. Jetzt gerade habe ich etwas vom Thema abgelenkt. Entschuldigen Sie, Berufskrankheit. Wirklich zurück zum Thema Flexibilität.

Spielraum für Flexibilität

Die Forderung nach Flexibilität findet sich in vielen Jobbeschreibungen und -anforderungen. Sicherlich nicht umsonst. Flexibel zu sein, heißt anpassungsfähig zu bleiben. Gerade wir Deutschen sind eigentlich Meister der Inflexibilität, weil wir sehr gut darin sind, alles minutiös zu planen. Doch dann passiert etwas, das sich "Leben" nennt. Manchmal ergibt sich in diesem Leben eine neue Chance, manchmal ist es nötig, wieder drei Schritte zurückzugehen. Die wenigsten Pläne lassen sich eins zu eins von der Theorie in die Praxis umsetzen. Wenn man dies von vorneherein berücksichtigt, ist die Überraschung dann, wenn ein unvorhergesehenes Ereignis eintritt, nicht mehr allzu groß. Es verhält sich ähnlich wie mit dem Zeitmanagement: Man muss unbedingt einen gewissen Spielraum einkalkulieren, denn so müssen nicht alle Pläne komplett über den Haufen geworfen werden, sobald ein paar Dinge außer Kontrolle geraten – und das werden sie fast immer.

Die private Herausforderung

Eine Überlegung zu unserem Privatleben: Es ist eine Sache, mit sich alleine zu sein, sich Gedanken über 100.000 verschiedene Dinge zu machen, Entscheidungen zu treffen, Pläne zu schmieden. Dies alles verändert sich, wenn ein anderer Mensch ins Spiel kommt: Ständig mit einem anderen Individuum zusammen zu sein, das andere Erfahrungen gesammelt hat, die Welt anders wahrnimmt, andere Ziele und Träume hat – das ist eine echte Herausforderung! Hier kommen wir an unsere Grenzen. Wir müssen wohl oder übel über uns hinauswachsen, wenn wir es denn wirklich ernst meinen. Kurz: Wir müssen flexibel sein, uns an eine andere Art Leben anpassen, uns umgewöhnen. Eine solche Situation kann uns tief bereichern, doch auf der anderen Seite auch viel Energie kosten. Klar ist, wo immer Menschen aufeinandertreffen, entstehen Reibungen, da wir nun mal nicht in einem luftleeren Raum leben. Sie erinnern sich, was ich über das Thema unterschiedlicher Realitäten gesagt habe. Wenn zwei Menschen zusammenkommen, stoßen auch unterschiedliche Realitäten und unterschiedliche Wahrnehmungen aufeinander. Das ist umso schwerer unter ein Dach zu bringen, wenn diese Menschen auch unter einem Dach leben. Es funktioniert nur, wenn wir uns anpassen und vielleicht einige Dinge umlernen.

Die berufliche Notwendigkeit

Im Beruflichen ist es genauso wichtig, die Anpassungsfähigkeit zu erhalten. Denn Dinge verändern sich, es kommen neue Kollegen, die Technik entwickelt sich weiter, Unternehmen wechseln ihren Standort, expandieren in neue Regionen, die Struktur der Kunden verändert sich, neues Wissen, neue Kompetenzen sind gefragt. Wer hier nicht flexibel bleibt, hat schnell verloren. Denn ganz sicher gibt es jemanden, der die entsprechende Flexibilität mitbringt und auch so reagiert. Manchmal heißt es eben „Jetzt oder nie“ und Sie müssen einfach springen.

Thriller, Komödie oder Dokumentation

Ich liebe es, das Leben mit Themen aus dem Bereich Film zu erklären: Wie Sie wissen, gibt es bei fiktionalen Produktionen ein Drehbuch, ein Storyboard (in dem jede Einstellung bildlich mit ihrem jeweiligen Inhalt dargestellt ist) und einen exakten Produktionsplan. Alfred Hitchcock beispielsweise war fast schon besessen von Details. Er hat alles, und zwar wirklich alles, schon im Voraus bis ins letzte Detail geplant und überhaupt keinen Spielraum für spontane Dinge gelassen. Manche Regisseure arbeiten auch heute genauso wie er. Andere, gerade im Bereich von Komödien, räumen ihren Hauptdarstellern die Möglichkeit ein, eigene Vorschläge einzubringen, etwas zu experimentieren und flexibel zu reagieren. Da kann es dann wirklich erstaunlich sein, was aus diesem kreativen Zusammenwirken entsteht!

Bei Dokumentarfilmen ist es wieder das genaue Gegenteil: Hier wird im Normalfall die Kamera einfach „draufgehalten", das heißt, man zeigt die Realität im Film genau so, wie sie sich abgespielt hat, ohne einzugreifen oder darauf Einfluss zu nehmen. Natürlich weiß man dann nie so genau, was vielleicht passiert und was man „einfangen" könnte. Hier ist große Flexibilität gefragt. Eines führt zum anderen und man muss immer am Ball bleiben, um die besten Bilder einzufangen. Planen kann man in so einem Fall nur begrenzt. Und es kann durchaus sein, dass am Ende ein ganz anderer Film herauskommt als ursprünglich geplant. Überlegen Sie mal, wie wunderbar sich das auf Ihr Leben und Ihre Pläne übertragen lässt:

Welcher Film-Typ sind Sie? Machen Sie gerne detaillierte Pläne? Oder lassen Sie das Leben mit seinen Überraschungen auch mal auf sich zukommen? Oder besteht Ihr Leben überhaupt nur aus Improvisation? Was davon brauchen Sie für die Erfüllung Ihrer Träume?

Planlos wundervoll

Vor Kurzem hatte ich einen Auftritt bei einer Hochzeit auf einem Schloss in der Nähe des Bodensees. Der Auftraggeber hat mir ein schönes Zimmer in einem Hotel auf der Insel Reichenau gebucht. Der Bräutigam war Inder, die Braut Schweizerin und so waren die Gäste eine wunderbare, auch ein bisschen exotische Mischung. Meine Show lief wie am Schnürchen, auch weil alle mitgemacht haben.

Ich war also in sehr guter Stimmung. Da ich zu diesem Zeitpunkt schon mit diesem Buch angefangen hatte, es ein wunderbarer Abend war und mich diese Hochzeit in eine tolle Stimmung versetzt hatte, wollte ich mir einen Ort suchen, an dem ich am nächsten Tag noch ein wenig an dem Buch arbeiten konnte. Außerdem hatte ich irgendwie Lust auf einen Kuchen und bin daher über das Hotelgelände geschlendert. Übrigens: In einem der „Men in Black"-Filme heißt es, dass, wenn man einen Kuchen isst, man schneller die Lösung zu einem Problem findet. Ein super Ratschlag! Ob dieser nun besonders haltbar ist oder nicht, zumindest ist er lecker!

Ich bin also etwas planlos herumgelaufen – und habe plötzlich ein ZEN-Teehaus entdeckt. Bis dato wusste ich noch gar nicht, dass es so etwas bei uns gibt. Dort habe ich auch meinen Kuchen gefunden, oder der Kuchen mich. Vor allem aber beschloss ich, dort am nächsten Tag weiterzuschreiben. Aus irgendeinem Grund hat mich dieser Ort fasziniert – ein Ort der Ruhe mit einem fernöstlichen Einfluss, der ein bisschen das Fernweh weckte.

Tee-Wissenschaften

Ich ging also am nächsten Tag dorthin. Zwar hieß es, dass das Teehaus montags geschlossen und nur das Ladengeschäft geöffnet sei, doch damit wollte ich mich mal wieder nicht abfinden. So habe ich einfach gefragt (Sie erinnern sich an das letzte Kapitel), ob ich einen Tee trinken könne. Außer mir war kein Gast dort. Mir wurde gesagt, dass das Teehaus eigentlich geschlossen sei, sie würden für mich jedoch gerne einen Tee machen. Perfekt. Also habe ich mein Notizbuch und mein Notebook ausgepackt und gleich losgelegt. Sie haben dort eine große Tee-Karte, auf der die verschiedenen Tees mit ihrer Geschichte erklärt werden. Auch grüne Tees, die ich am liebsten trinke, gab es jede Menge. „Drachenblut" (das grün zu sein scheint) hat mich irgendwie spontan angesprochen. Ich war dann sehr angenehm überrascht, dass das Ganze einer Art Zeremonie glich. Ich

bekam eine Schale Tee mit einem Kännchen und mir wurde gesagt, wann immer ich den Deckel der Kanne schräg stelle, wurde der Tee neu aufgegossen. Faszinierend – wie eine Art Zaubertrank.
Das ganze Teehaus ist eher minimalistisch eingerichtet – nichts, was ablenkt, alles in bedeckten Grautönen gehalten, mit einem Ahornbaum, Kerzen und Kamin. Einfach ein besonderer Ort. Und ich war an diesem Ort, an dem ich eigentlich gar nicht sein konnte, weil er an diesem Tag ja geschlossen hatte. Und doch habe ich es möglich gemacht und so das ganze Teehaus für mich alleine gehabt. Der perfekte Ort, um ein Buch zu schreiben. Wie ich herausgefunden habe, gibt es hier sogar verschiedene Teeseminare. Dies scheint eine Wissenschaft für sich zu sein, man lernt eben nie aus, wenn man flexibel bleibt für neue Eindrücke.

Dem Zauber eine Chance geben

Ist dies einfach eine meiner kleinen Anekdoten? Ja, aber ich habe sie vor allem deswegen aufgeschrieben, weil sie wunderbarerweise einiges an Magie enthält, von dem Sie jetzt schon gelesen haben: Ich hatte eine gute Show mit netten Menschen, meine Realität war also positiv. Ich habe nette Menschen gesehen, habe alles um mich herum neugierig wahrgenommen und sicher auch Positives ausgestrahlt. Ich wollte zwar weiter an diesem Buch schreiben, hatte mir aber keinen genauen Plan gemacht wo und wann. Das Teehaus erschien mir als der perfekte Ort und als ich erfuhr, dass es geschlossen war, habe ich trotzdem nach einem Tee gefragt – und ihn bekommen. Dabei habe ich viel Neues über Tee gelernt, was mir vielleicht irgendwann auch einmal nützlich sein kann – und ich habe in Ruhe und Konzentration (Fokus) an meinem Projekt weitergearbeitet.

Dass die Hochzeit so gut gelaufen ist und das Publikum so bezaubernd war, lag natürlich nicht in meiner Hand. Wäre es eine Veranstaltung mit lauter uninteressierten, komischen Menschen gewesen (was mir eigentlich noch nie passiert ist), dann wäre ich wahrscheinlich nicht so entspannt gewesen. Trotzdem hätte ich den Abend noch retten können, wenn ich danach einfach gesagt hätte: Okay, abgehakt. Und jetzt tue ich mir etwas Gutes. Hätte ich aber vorher schon geplant, dass ich an diesem Abend oder spätestens am nächsten Morgen noch mindestens fünf Seiten schreiben muss und mich deswegen im Hotelzimmer verbarrikadieren sollte, oder hätte ich enttäuscht genickt, als man mir sagte, das Teehaus sei geschlossen und wäre einfach wieder gegangen ... Nun, die Welt wäre nicht zusammengebrochen, Sie würden dieses Buch wahrscheinlich dennoch lesen können. Aber mir wäre ein wenig Zauber entgangen – was nicht nur für eine Magierin extrem schade ist.

Wir alle haben hin und wieder Angst vor der Zukunft, vor dem, was vielleicht kommt und vielleicht auch nicht kommt. Wir müssen Wege finden, mit dem Unerwarteten umzugehen und es auf neue Weise in unser Leben zu integrieren, uns auf veränderte Umstände einzustellen. Das kann auch etwas sehr Positives bedeuten, weil es uns auf neue Wege bringt. Und Sie haben dabei höchstwahrscheinlich den Vorteil, dass Sie nicht mitten auf einer Bühne flexibel auf eine neue Situation reagieren müssen, während Ihnen 1000 Menschen oder noch mehr dabei zusehen. Ich sehe es als eine echte Stärke, wenn Menschen über große Flexibilität verfügen. Sicher ist dies auch eine Fähigkeit, die man erlernen kann. Und ich denke, je mehr man auf Reisen geht und in Berührung mit ganz anderen Menschen und Kulturen kommt, desto besser wird diese Fähigkeit entwickelt. Denn in einem ganz anderen Land sind, weit weg von Ihrem Zuhause, Ihrer Komfortzone, in einem Land, in dem Sie vielleicht nicht einmal die Sprache der Menschen verstehen, haben Sie gar keine andere Wahl, als sich anzupassen. Und wenn Sie von einer solchen Reise zurückkommen, kommen Sie nie als derselbe Mensch zurück, als der Sie abgereist sind. Wir beginnen, die Welt anders wahrzunehmen.

Flexibilität verkehrtherum

Manchmal ist es allerdings schon komisch, wie eine an sich gute Sache genau verkehrt herum eingesetzt werden kann. Flexibilität ist wichtig, sie eröffnet Chancen, ermöglicht eine vernünftige Kommunikation mit anderen und so auch Partnerschaften beruflicher und privater Art. Zu viel Flexibilität im falschen Bereich führt allerdings zu völliger Schlaffheit. Es ist doch interessant, dass einige Menschen genaue Pläne davon entwerfen, wie ihr nächster Urlaub nächstes Jahr aussehen wird. Sie planen alles. Und das oft auch noch für einen Ort, denn sie noch nie im Leben gesehen haben, was ein gewisses Maß an Scheitern logisch macht. Dieselben Menschen planen dagegen kaum etwas, wenn es um ihr Leben geht. Sie machen sich fast keine Gedanken darüber, wie es in einem Jahr aussehen soll, was sie gerne verändern würden oder mit wem sie vielleicht gerne mehr Zeit verbringen würden. All dies liegt Ihnen völlig fern. Und manche hoffen sogar, den Schlüssel für diese Siegel besser nicht zu finden, weil sie sonst in die Verlegenheit kämen, bewusst entscheiden zu müssen, wie sie die Weichen in ihrem Leben stellen wollen. Solche Haltungen könnte man natürlich auch Flexibilität nennen – oder einfach „ein Leben wie ein nasser Sack".

Und noch ein Punkt: Manchmal ist Flexibilität eine Ausrede für Opportunismus. Natürlich kann man seine Meinung zu bestimmten Themen ändern. Wenn man in sich hineingehört, anderen zugehört hat und wenn man sich mit eventuell veränderten Realitäten und unterschiedlichen Wahrnehmungen beschäftigt hat. Wer seine Meinung aber ständig ändert – und sich dabei verdächtigerweise gerne einer Mehrheit anschließt – ist nicht flexibel sondern ein Opportunist, der sein Fähnchen in den Wind hängt.

Doch auch die größte Flexibilität bringt uns nicht alleine ans Ziel. Wir brauchen Menschen, die an uns glauben und uns unterstützen, in welcher Form auch immer.

Kapitel Siebzehn
Die Macht Ihrer Umgebung

Wenn Sie sich mit intensiven Denkprozessen auseinandersetzen, die dazu führen sollen, dass Sie das „Unmögliche“ erreichen, sollten Sie auch nicht aus den Augen verlieren, mit welchen Menschen Sie sich dabei die meiste Zeit umgeben. Diese haben einen entscheidenden Einfluss auf Ihren Erfolg oder Ihr Scheitern. Bekanntlich werden wir so, wie die Summe aus den fünf Menschen, mit denen wir die meiste Zeit verbringen. Zählen Sie mal durch und überlegen Sie: Haben Sie die richtigen Menschen um sich?

Ich möchte Sie natürlich nicht dazu aufrufen, sich von langen Freundschaften und für Sie wichtigen Menschen zu trennen – die Ihnen guttun, weil Sie sie lieben und umgekehrt. Und vielleicht unterstützt nicht jeder von ihnen ihre Ideen und ist trotzdem auf einer anderen Ebene gut für Sie. Aber wenn es darum geht, das Unmögliche möglich zu machen, können Sie ihre menschliche Umgebung auch erweitern und sozusagen professionalisieren. Dazu gibt es sogenannte „Mastermind-Gruppen“. Eine Mastermind-Gruppe ist ein Zusammenschluss von Gleichgesinnten, die sich gegenseitig beim Erreichen ihrer Ziele unterstützen. Alle Teilnehmer können über sich selbst hinauswachsen, indem sie sich gegenseitig herausfordern, Ideen brainstormen und einander helfen. Das haben Sie sicher auch schon selbst erlebt, wenn Sie mit Kollegen gemeinsam an einem Projekt gearbeitet haben, das Sie alle begeistert hat (das ist gerade in der Arbeit nämlich wichtig, um die Voraussetzung der Gleichgesinntheit zu schaffen). Bereits der Zusammenschluss mit einem weiteren Menschen verdoppelt die Denkleistung und damit auch den intellektuellen Output. Ich denke, Sie können gut mitrechnen, wie sich die Sache entwickelt, wenn Sie weitere kreative Master-Minds hinzuschalten!?

In der Tat haben alle Menschen in Ihrem direkten Umfeld, sei es auf privater oder geschäftlicher Ebene, Einfluss auf Sie. Genauso wie Sie Menschen in Ihrer Umgebung beeinflussen. Dahinter verbirgt sich eine immense Macht. Und lassen Sie sich nicht täuschen: Diese Beeinflussung findet ständig statt, ob wir nun wollen oder nicht. Sind Sie schon einmal in Ihrem Leben an einen komplett anderen Ort gezogen und haben einen totalen Neustart gewagt? Erinnern Sie sich noch, wie sich Ihr ganzes Leben verändert hat? Anderer Ort, andere Menschen, anderer Job. Natürlich nehmen Sie vieles von sich immer mit, Ihre Erfahrungen, Ihre Erinnerungen, Ihre Persönlichkeit. Doch wenn sich Ihre Umgebung ändert, sei es durch einen Ortswechsel oder auch durch neue Menschen in Ihrem Leben, dann ändert sich sehr, sehr viel. Von jetzt auf gleich leben Sie ein anderes Leben. Nicht jeder möchte dies, was vollkommen in Ordnung ist. Doch das Potenzial ist da. Sie haben die Wahl.

Wer uns nicht guttut

Wie schon gesagt: Manche Menschen in unserer Umgebung tun uns gut, bauen uns auf und bestärken uns in unserem Bestreben. Doch es gibt natürlich auch die Neider, die alles besser wissen. Oder solche, die offenbar eine Kristallkugel zu Hause im Küchenschrank haben, denn sie wissen schon, bevor wir losgelaufen sind, dass wir sowieso nie ankommen werden. Hören Sie nicht auf diese selbst ernannten Propheten. Wenn Sie sich Ihrer Realitäten, Ihrer Wahrnehmungen und Gedanken sicher sind, wenn Sie an Ihre Idee glauben, wenn Sie Ihre Ängste besiegt haben, werden Sie für diese mentalen Angriffe und Barriere wenig empfänglich sein. Und Sie werden sich nicht weiter mit diesen Menschen umgeben. Suchen Sie bewusst aus, mit wem Sie Ihre Lebenszeit verbringen möchten, wenn Ihnen wirklich daran gelegen ist, etwas Großes zu erreichen. Es sind natürlich nicht die Ja-Sager, die Sie suchen müssen, aber es sind ganz gewiss auch nicht die Neider und die ewigen Zweifler.

Ihr Dream-Team

Es ist nahezu unmöglich, das Unmögliche alleine möglich zu machen. Sie brauchen ein Team.
Und hier kommt wieder Ihr Zauberbuch ins Spiel: Sammeln Sie dort auch Gedanken und Ideen zu Ihrem Team. Dabei spielt die Größe des Teams meist keine so entscheidende Rolle wie die Qualität der Teammitglieder. Sie haben die Möglichkeit, sich Menschen in Ihr Team zu holen, die Stärken haben, wo Sie Schwächen haben. Jeder hat eben seine eigenen Qualitäten und so kann man gegenseitig voneinander profitieren und schließlich gemeinsam ganz große Dinge bewegen.

Kollege David Copperfield hat ein Team von etwa 50 Mann im Hintergrund. Nur so werden seine großflächigen Shows überhaupt möglich. Die Zuschauer nehmen jedoch nur einen Bruchteil des Teams wahr. Hier muss jeder Handgriff sitzen. Alles ist koordiniert, Licht, Ton, Video-Einspieler, Stage Hands, Feuerwehr, Verfolger, Spot, Assistentinnen und so weiter. Und wie schon gesagt, die meisten davon bleiben im Unsichtbaren, zum Beispiel unter oder über der Bühne. Manchmal ist Magie einfach sehr kompliziert und aufwendig. Dennoch soll beim Zuschauer natürlich der Eindruck von spielerischer Leichtigkeit erweckt werden. Auch deshalb ist ein großes Team nötig, denn so wird keiner überfordert. Jeder kennt seinen Aufgabenbereich genau, sodass alle gemeinsam an einem großen Strang ziehen, damit der LKW oder was auch immer plötzlich aus dem Nichts auf der Bühne erscheint – etwas, von dem wir mit unserem bewussten Verstand wissen, dass es unmöglich ist.

Auch bei mir gibt es mehrere Leute im Hintergrund, die Dinge koordinieren, vorbereiten, bauen, bearbeiten, optimieren, beraten, Regie führen, managen, fotografieren, filmen, texten, Grafiken designen, assistieren, trainieren und noch mehr – es geht gerade erst so richtig los. Auch bei unseren Treffen im magischen Zirkel ist es immer eine Bereicherung, wenn mehrere Kollegen gemeinsam an einem neuen Effekt arbeiten – jeder bringt einen anderen Hintergrund und anderen Input mit. So können ganz neue Wege gegangen werden, um manchmal sogar einen etwas verstaubten Zaubereffekt in ganz neuem Licht erstrahlen zu lassen. Das ist dann schon irgendwie magisch. Andere Menschen, in diesem Fall vor allem andere Profis, helfen einem extrem dabei, seine eigenen Muster aufzubrechen. Denn manchmal neigt man ja doch dazu, irgendwie im Kreis zu denken, zumindest ist mir das schon passiert.

Ihr Business-Team

In sämtlichen Branchen trifft man auf ein Team, eine Mannschaft oder eine Crew: Im Flugzeug fliegt Sie ein Team ans Ziel, an Bord sorgt die Crew dafür, dass Sie Ihren nächsten Hafen erreichen. In Agenturen finden sich Teams, die gemeinsam kreative Lösungen erarbeiten. In Silicon Valley arbeiten ebenfalls Teams daran, unser digitales und künftiges Leben zu verbessern. Keiner könnte dies alleine umsetzen. Denn, wie wir wissen, hat der Tag nur 24 Stunden und die verbringen Sie nicht einmal alle bei Bewusstsein (wenn wir davon ausgehen, dass Sie zu den Normalsterblichen gehören und irgendwann einmal schlafen). So kann die Zeit wesentlich produktiver genutzt werden, wenn Aufgaben aufgeteilt, und die Ergebnisse am Schluss zusammengetragen werden. Wie bereits angerissen, haben Menschen eben unterschiedliche Stärken, Ausprägungen und Vorlieben. So ist das Gute, dass es auch Mitmenschen von Ihnen gibt, die genau das lieben, was Sie überhaupt nicht mögen. Das heißt, Sie sparen nicht nur Zeit, sondern Sie können sich mehr in den Dingen austoben, die Ihnen wirklich liegen, während jemand anderes für Sie die vielleicht etwas unangenehmen Dinge von der To-do-Liste abarbeitet. Auf diese Weise gewinnt jeder auf seine Art und unter dem Strich steigt die Produktivität enorm. Wenn Sie noch kein Team haben, dann ist vielleicht nun ein guter Zeitpunkt, sich damit auseinandersetzten und eines zusammenstellen!? Das kann sogar richtig Spaß machen. Es geht ja nicht darum, nun 20

Leute fest anzustellen. Vielleicht brauchen Sie nur kreative Ratgeber, vielleicht finden Sie Team-Mitglieder im Freundeskreis, die einfach aus Freundschaft bei Ihrer Idee mitmachen. Aber fangen Sie einfach mal an, Ihre Ideen dazu in Ihr Zauberbuch zu schreiben. Wen brauchen Sie?

Arbeiten abgeben, Zeit sparen

Wenn Ihre Idee größer ist, werden Sie ganz sicher irgendwann Team-Mitglieder brauchen, die Sie bezahlen müssen. Fangen Sie so früh wie möglich damit an. Es geht nicht darum 20 festangestellte Mitarbeiter zu beschäftigen, aber Sie sollten immer bedenken, dass Ihnen die professionelle Arbeit anderer Zeit spart, die oft unbezahlbar ist. Steuerberater sind zum Beispiel eine große Erleichterung, spart unglaublich viel Zeit und die Investition zahlt sich meisten aus, da die Profis Ihnen meist viel mehr Geld sparen können als Sie sich selbst. Ähnlich verhält es sich auch mit so banalen Aufgaben wie Bügeln. Vielleicht macht Ihnen das auch Spaß, dann machen Sie es auf jeden Fall weiter. Wenn nicht, überlegen Sie sich, wie viel Zeit Sie gewinnen könnten, wenn Sie diese Aufgabe outsourcen und jemanden dafür bezahlen. Sie sparen nicht nur Lebenszeit, Ihre Lebenszeit (dann ist es ein kleiner persönlicher Luxus). Sie sparen auch Zeit, die Sie vielleicht wesentlich besser in die Weiterentwicklung Ihres Projektes investieren können. Es ist Ihre Zeit. Sie entscheiden, wie Sie sie verbringen möchten und in was Sie investieren wollen. Das gleiche Prinzip gilt auch für jegliche anderen Haushaltstätigkeiten, Gartenarbeiten und gegebenenfalls auch Einkäufe. Manche Projekte erfordern für einen gewissen Zeitraum einfach unsere ungeteilte Aufmerksamkeit, sodass es ein großer Gewinn ist, wenn Sie ein Team haben, das Sie entlasten kann, sodass Sie pünktlich am Ziel ankommen. Und Preise sind oft Verhandlungssache – denken Sie an das Kapitel der magischen Fragen.

Selbst innerhalb des Projektes wird es Aufgaben geben, die Sie besser abgeben, um letztlich produktiver zu sein. Sie müssen etwas recherchieren. Wer kann Ihnen dies abnehmen? Oder Sie brauchen ein Grafikdesign? Vielleicht auch jemand, der perfekte Werbetexte verfassen kann? Im Internet gibt es mittlerweile zahlreiche Plattformen, auf denen Sie Menschen finden, die das alles für Sie erledigen können. Oft auch echte Profis, die ihre Dienstleistungen zu erstaunlich guten Preisen anbieten. So ist es tatsächlich magisch, was Sie an einem einzigen Tag alles erledigt bekommen können! Probieren Sie es unbedingt aus! Sie werden sehen, dass sich plötzlich Dinge bearbeiten lassen, die schon lange liegen geblieben sind. Und so können Sie von allem das Beste bekommen. Wie stark wird das wohl das Endergebnis Ihres Projektes bereichern?

Wieder einmal ein kleiner Einwurf: Ich höre schon wieder einige murmeln: „Toll, ich kann mir aber keine Putzfrau leisten oder einen, der für mich recherchiert oder gar jemanden, der mir Werbetexte schreibt." Dazu kann ich nur sagen: Je größer Ihr Plan ist, desto mehr Leute werden Sie benötigen, um Erfolg zu haben. Je mehr Sie das einplanen, umso eher muss dies auch in ihrem Businessplan festgehalten werden. Mit Businessplänen aber beschäftigen wir uns hier nicht – obwohl sie eigentlich auch ganz schön magisch sein können. Mir geht es ums Prinzip. Die wenigsten Dinge erreichen Sie alleine. Wie groß auch immer Ihr Team sein kann, stellen Sie sich eines zusammen. Und wenn Sie glauben, dass Sie nie ein wirklich großes Team haben werden ¬– vielleicht wollen Sie dann auch nicht wirklich ein so großes Projekt? Vielleicht ist ihr Wunsch viel kleiner – und das heißt bestimmt nicht schlechter. Es ist in Ordnung, Sie müssen nur wissen, was Sie wollen.

Ihr Beraterstab

Sehr vorteilhaft ist es auch, wenn Sie sich im Laufe der Zeit Ihren eigenen Beraterstab zusammenstellen. So generieren Sie wertvolles Feedback und können sich mit erhöhter Geschwindigkeit auf Ihr Ziel zubewegen. Denn diese Leute bringen ihr eigenes Wissen mit und das ist eine große Hilfe. Es gibt Spezialisten für jeden Bereich. Und auch diese Investition ist nicht nur eine Investition in Ihr Projekt, sondern auch in Sie selbst, Ihr Marktwert steigt kontinuierlich mit jedem Spezialwissen, das Sie im Laufe der Zeit erwerben.

Außerdem haben Sie in unserer heutigen Zeit auch die Möglichkeit, sich ein virtuelles Team zusammenzustellen – das auch problemlos über die ganze Welt verteilt sein kann, was ein ziemlich cooles Gefühl ist (so geht es zumindest mir). Oder Sie stellen sich ein reelles Team zusammen aus Menschen aus Ihrem Umfeld, Mitarbeitern, Praktikanten, Coaches, Profis oder wer immer Ihnen einfällt und in Ihrem Bereich Sinn macht. Hier gibt es keine Regeln.

Möglich wäre natürlich auch, sich ein teils virtuelles und teils reelles Team zusammenzubauen. Allein das ist schon eine sehr spannende Aufgabe, all die Komponenten zusammenzufinden. Was Sie bei der Planung Ihres Teams auch nie vergessen sollten: es muss einen Teamleader geben und das ist Ihre Rolle. Denn ein Team ist nur effektiv und produktiv, wenn eine klare Richtung vorgegeben ist. Im Flugzeug entscheidet auch der Pilot, wo es hingehen soll und auf dem Schiff nimmt der Kapitän das Steuer in die Hand. Alle anderen Crewmitglieder folgen dann der geplanten Route. Werden Sie der Leader Ihres Teams.

Kapitel Achtzehn
Liebesmagie

Love is the closest thing, we have to magic.

(Anonym)

Sind Sie direkt zu diesem Kapitel gesprungen? Erwischt. Das hätte ich vorhersagen können!
Liebe ist wohl das Thema, das uns alle beschäftigt, mal mehr, mal weniger im Leben. Liebe ist der Magie deshalb so ähnlich, weil wir sie mit dem Verstand schwer greifen und erklären können. Sie macht etwas mit uns, das anders ist als alles, was uns in unserem Alltag begegnet. Die Liebe lässt uns unsere Grenzen neu definieren. Plötzlich erscheinen Dinge auf eine ganz natürliche Weise möglich, die wir lange für unmöglich gehalten oder uns nicht zugetraut hätten. Sie beflügelt unsere Fantasie und inspiriert uns, neue Dinge auszuprobieren oder unser Leben umzustellen. Sie kann uns in neue Welten entführen – man könnte fast sagen: Liebe ist irgendwie übernatürlich, auch wenn sie das Natürlichste auf der Welt ist.

Doch die Liebe hält sich nicht an Regeln. Sie erscheint aus dem Nichts, wenn wir nicht damit rechnen, und ist in der Lage, absolut alles auf den Kopf zu stellen – magisch. Aber während Magie – vor allem für den Magier – sehr viel mit Kontrolle zu tun hat, ist Liebe nur schwer kontrollierbar. Wir können sie nicht mit unserem bewussten Verstand kontrollieren; im Gegenteil, wir können fast schon zu ihrem Spielball werden und lassen uns zu Dingen verleiten, die uns, mit dem rationalen Verstand betrachtet, spätestens ein paar Jahre später als absolut lächerlich erscheinen. Doch so läuft dieses „Spiel“ nun einmal.

Die schöpferische Kraft

Es gibt kaum ein Gefühl, dass unsere Kreativität so stark anregt wie die Liebe. Ihr wohnt die Macht inne, uns zu unvorstellbaren Handlungen zu bewegen. Sie schafft es, dass Menschen sich wirklich verwandeln - nicht unbedingt in Vampire (auch wenn die Nächte intensiver werden können), aber in bessere Versionen von uns selbst. Wenn wir uns auf der Welt umschauen, so wurden ganze Paläste erbaut aus Liebe beziehungsweise als Liebesbeweise.

Die Liebe hat aber auch eine Schattenseite. Ihr wohnt eine zerstörerische Macht inne. Immer wieder verlieren Menschen durch den Verlust von Liebe den Halt und müssen sich völlig neu erfinden. Und doch entsteht auch aus enttäuschter Liebe oft Wunderbares. Viele Künstler verarbeiten ihre schmerzhaften Erfahrungen mit dieser mystischen Macht in ihrer Kunst; ihren Songs, Filmen, Skulpturen oder Gemälden. Meine Ersatzmama hat sogar einmal zu mir gesagt, dass ein Künstler nur richtig gut ist, wenn er entweder überglücklich oder extrem traurig ist, weil ihn dann diese extremen Gefühle zu außerordentlichen Meisterwerken antreiben könnten. Nun, ich würde den ersten Zustand bevorzugen ...

Doch ob wir das nun wollen oder nicht, Liebe ist immer präsent – manchmal gerade besonders stark, wenn wir es gar nicht wollen. Wenn Ihnen das auch schon einmal passiert ist, wissen Sie genau, wovon ich schreibe.

Die Liebe zu einem Menschen

Manchmal beginnt alles mit einer zufälligen Begegnung. Zunächst scheint alles bedeutungslos und so, als ob sich zwei Wege auf absolut zufällige Weise kreuzen. Doch manchmal kann genau diese Art von Begegnungen unser Leben für immer verändern – nur ein winziger Moment und das Leben ist nie wieder, wie es vorher war. Widerstand zwecklos. Und egal, wie die Geschichte am Ende ausgeht, wir sind nicht mehr der Mensch, der wir vor der Begegnung waren.

Während ich dieses Kapitel geschrieben habe, befand ich mich in einem Café, in dem die magischste Liebesgeschichte meines (bisherigen) Lebens ihren Ursprung genommen hat. Wahrscheinlich werde ich hier deswegen für manche von Ihnen vielleicht ein wenig kitschig. Aber genau das zuzulassen, Emotionen, die andere auch mal als kitschig empfinden, gehört dazu, wenn man an eine Idee glaubt. Lassen Sie doch einfach mal die nüchterne Brille fallen, sie eignet sich nicht für magische Momente – oder Erinnerungen.

Also zurück in "mein" Café: Ich hatte es seit damals nie wieder betreten. Wahrscheinlich in dem verrückten Glauben, ich könne diese besondere Erinnerung für mich konservieren – eine schöne Illusion. Es war also ein merkwürdiges Gefühl, nach so langer Zeit wieder hier zu sitzen. Alles sah immer noch so aus wie damals. Doch ohne den richtigen Seelenpartner war es einfach nur ein Café mit Stühlen, Tischen und Kerzenleuchtern sowie einer sehr großen Uhr, die mich permanent daran erinnerte, dass die Zeit von damals unwiederbringlich vergangen ist. Ich saß genau an dem Tisch, an dem damals alles begann, doch jetzt war eben kein besonderer Augenblick in der Raumzeit, es war einfach nur Donnerstag-Nachmittag und niemand außer mir saß noch in diesem Café. Damals sind wir dort hingelaufen, nachdem wir uns zum ersten Mal getroffen hatten, und dann war es so, als ob die Zeit völlig unbedeutend werden würde. Wir haben uns endlos unterhalten und waren so vertieft in uns, dass wir erst wieder in die Realität zurückkamen, als wir darauf hingewiesen wurden, dass der Laden nun schließe.

Ich erzähle Ihnen diese Geschichte nicht, weil ich Sie an meinem Leben teilnehmen lassen möchte, ein wenig tun Sie das inzwischen ja ohnehin. Ich habe Sie aufgeschrieben, weil ich denke (und hoffe), dass wir alle solche Momente, solche Erfahrungen schon einmal gemacht haben. Und ich möchte Sie dazu ermuntern, sich dieser Momente bewusst zu werden und sie immer in Ihrem Herzen zu behalten. Ganz magisch können Sie dann auch – durch die Erinnerung an sie – den einen oder anderen nicht ganz so magischen Moment wieder aufhellen. Vielleicht erinnern auch Sie sich, dass Sie von jemandem so berührt und so in ein Gespräch vertieft waren, dass die Außenwelt langsam zu verblassen schien und Sie fast nichts mehr außer Ihrem Gegenüber wahrgenommen haben. Sie waren also zu 100 Prozent präsent und damit wurde alles wahnsinnig intensiv. Wenn Sie so etwas schon einmal erlebt haben, dann wissen Sie: Es spielt gar keine Rolle, was aus dieser Begegnung wurde, so wie es keine Rolle spielt, was aus meiner Begegnung in jenem Café wurde. Aber Sie haben einen magischen Moment erlebt. Behalten Sie ihn in Ihren Gedanken und in Ihren Herzen.

Je nachdem, wo Sie sich gerade in Ihrem Leben befinden, möchte ich Sie dazu ermutigen: wenn Ihnen solche magischen Momente mit einem besonderen Menschen begegnen, lassen Sie sich darauf ein, denn so etwas passiert nur ganz selten. Sie wissen, dass es nicht von Dauer sein kann? Es gibt viele, viele Umstände, die dagegensprechen? Seien Sie bereit, den Preis zu bezahlen. Ein solcher Moment ist es wert. Halten Sie ihn fest. Und holen Sie ihn immer dann hervor, wenn Sie ganz viel Kraft benötigen. Egal, wie die Geschichte ausgegangen ist – solche magischen Momente verleihen Ihnen magische Kraft.

Die Liebe zu einer Tätigkeit

Haben Sie schon einmal Menschen beobachtet, die wirklich lieben, was sie tun? Die voll und ganz darin aufgehen? Ein Tänzer, ein Maler, ein Koch? Aber auch ein Buchhalter, eine Kindergärtnerin, ein Krankenpfleger oder ein Gärtner. Wenn Menschen lieben, was sie tun, vergessen sie Raum und Zeit und genießen echte Erfüllung. Sie stehen nicht auf, um arbeiten zu gehen, sondern um ihrer Leidenschaft zu folgen. Diese Menschen können es kaum erwarten, morgens aus dem Bett zu springen, um endlich weiterzumachen.

Leider sind solche Menschen noch eine absolute Minderheit. Viele bekommen stattdessen am Sonntagabend ein ungutes Gefühl in der Magengegend bei dem Gedanken, dass sie am nächsten Morgen wieder „antreten" müssen. Für etwas, für das sie sich zwar entschieden haben, was sie jedoch nicht glücklich macht. Sie opfern jede Woche fünf Tage Lebenszeit, um zwei Tage zu bekommen, in denen sie das tun können, was Ihnen wirklich Freude bereitet. Warum? Meistens um finanzielle Sicherheit zu erreichen oder zumindest eine Illusion von Sicherheit.
Menschen, die wirklich das tun, was sie lieben, bezeichnen diese Tätigkeit auch nicht als Arbeit. Für sie ist es Vergnügen und so sind sie richtig produktiv und schaffen Unglaubliches in kürzester Zeit. Sie haben einfach diesen Drive und scheinen enorme Energie zu haben. Das ist ganz logisch, denn sie verschwenden keine Energie, indem sie gedanklich ständig diese inneren Dialoge führen, wie sehr sie ihre Arbeit nervt und was sie gerne alles anders machen würden.

Suchen Sie Ihre Leidenschaft

Die Liebe und Leidenschaft zu dem, was Sie tun, ist ansteckend! So ist es für diese Leute auch viel leichter, andere für ein Projekt oder eine Idee zu gewinnen. Denn dies anderen fühlen sich angezogen von dieser Energie und möchten etwas davon abhaben.

Was bereitet Ihnen am meisten Freude? Wo vergessen Sie die Zeit? Solche Fragen sind ein guter Ansatz, um nach echten Leidenschaften zu graben. Was genau hält Sie davon ab, Ihre wahre Leidenschaft zu leben? Die wenigsten Menschen folgen wirklich ihrer Freude. Klar, es gehört viel Mut dazu, vielleicht sogar einen sicheren Job aufzugeben. Doch die Resultate sind beinahe unbezahlbar.

Ich bin meiner Leidenschaft gefolgt und habe mein Hobby zum Beruf gemacht. So kann ich nun jeden Tag das tun, was mir am meisten Freunde bereitet, dabei noch um die Welt reisen und Menschen magische Momente und besondere Erinnerungen schenken. Sicher hat dies auch mich viel Mut gekostet, es war ein großes Risiko und es galt viele Hindernisse zu überwinden – und es tauchen auch heute noch immer wieder neue auf. Doch das ist in Ordnung, ich wachse daran, mein Kopf bleibt gefordert und ich tue es letztlich für mich und meinen eigenen Erfolg. Denn irgendwo habe ich einmal gelesen: entweder Sie arbeiten für die Realisierung Ihrer eigenen Träume oder Sie arbeiten für jemand anderen und helfen ihm dabei, seine Träume zu verwirklichen. Wofür entscheidest Sie sich? Wie möchten Sie leben? Es ist Ihre Entscheidung. Doch wenn Sie Ihrer Leidenschaft folgen, können Sie sich darauf gefasst machen, dass Erstaunliches in Ihrem Leben passieren wird, denn dadurch kommt die magische Macht in Gang, ganz von selbst.

Die Macht unserer Gefühle

Liebe ist mit Sicherheit das stärkste Gefühl, das uns bewegt, uns antreibt. Wir alle streben nach Liebe und Anerkennung. Egal, wo wir stehen, das ist nur allzu menschlich. Doch generell unterschätzen viele Menschen die enorme Macht unserer Gefühle. Sie steuern uns, lassen uns Entscheidungen treffen. Selbst die meisten vermeintlich rationalen Kaufentscheidungen sind absolut emotional. Von wegen konkretes Abwägen. Wie oft wirken Verpackung, Werbeslogans, Werbewelten, Modetrends, Gruppenverhalten und vieles mehr auf uns ein. Oder vergleichen Sie, beispielsweise beim Kauf einer Winterjacke, wirklich Qualität und Preis von mehreren Marken in verschiedenen Geschäften, bevor Sie sich zum Kauf entschließen? Nein, Sie kaufen diesen wunderbar kuschligen (Gefühl) Mantel, den Sie auf dem Werbeplakat (manipuliertes Gefühl) gesehen haben, der Sie so schlank macht (Gefühl der Hoffnung) und so weiter.

Unsere Emotionen lassen uns manchmal Achterbahn fahren, die Fassung verlieren, Menschen verletzen, neue Träume finden, tiefe Freundschaften schließen, verrückte Reisen unternehmen und noch vieles mehr. Unsere Gefühle bestimmen unser Leben. Jeden Tag und sogar nachts, wenn sie in unserem Unterbewusstsein verarbeitet werden. Obwohl ihnen diese Macht innewohnt, werden sie dennoch oft übersehen. Wir sind einfach zu stark von unserem Verstand geprägt und denken in den gleichen Mustern wie immer.

Doch es sind Gefühle, durch die Magie entsteht. Vergleichen Sie Folgendes: Es gibt durchaus einen Unterschied, ob Sie eine kleingedruckte Gebrauchsanweisung lesen, oder einen emotional ergreifenden Film sehen! Was also ist, wenn Sie nun einfach To-do-Listen für Ihre Zielerreichung lesen oder Ihnen jemand persönlich erzählt, wie Sie Ihren Zielen näherkommen. Der dazu auch seine eigene Geschichte erzählt, sie vielleicht auch mal zum Lachen bringt. Ja, genau das versuche ich auch hier. Und obwohl ich nicht weiß, wie sehr mir das gelingt – wenn Sie mir nicht schreiben – so weiß ich doch, dass Sie sich auch noch in ein paar Wochen sicher an einiges aus diesem Buch erinnern werden. Viel mehr, als wenn ich Ihnen nun einfach eine To-do-Liste aufgeschrieben hätte. Selbst wenn es eine magische To-do-Liste geworden wäre. Gefühl gewinnt. Es ist viel stärker, als leere Worte oder unsere bewusste Willenskraft.

Nie die Emotionen vergessen

Denken Sie daran, wenn Sie Menschen von Ihrem Ziel überzeugen wollen. Arbeiten Sie bei einer Präsentation mit emotionalen, wenn möglich sogar bewegten Bildern, hinterlegen Sie eine starke Musik (siehe nächstes Kapitel). Überlegen Sie sich, wie Sie sich fühlen würden, hätten Sie Ihr Ziel schon erreicht? Versuchen Sie dieses Gefühl zu vermitteln, wenn Sie von Ihrem Traum erzählen. Bringen Sie die Menschen dazu mit ihnen mit zu fühlen. Je lebendiger und emotionaler die Bilder sind, die sie bei den anderen erzeugen, desto schneller werden Sie ans Ziel kommen – und das noch auf eine freudige und unterhaltsame Weise.

Interessanterweise gibt es zwar jede Menge Bücher über positives Denken und das Erreichen persönlicher Ziele, aber nur sehr wenige darüber, welche Rolle unsere Gefühle dabei spielen. Tja, unsere Emotionen bleiben eben genau wie die Magie ein Mysterium. Dabei wohnt jedem Wort, das wir von uns geben, eine ganz spezielle Stimmung inne. Und vergessen Sie nicht: Gleiches zieht Gleiches an. Also ziehen wir die Dinge und Menschen an, die wir mit unserer Energie erreichen, ob diese nun negativ oder positiv ist. Und: Das, was Sie denken, fühlen Sie auch. Was Sie fühlen strahlen Sie aber auch aus und das, was Sie ausstrahlen, ziehen Sie an.

Kapitel Neunzehn
Soundeffekte

Ich denke, jeder von Ihnen, ich auch, kennt ein Lied, das ihn sofort an eine bestimmte Liebesgeschichte oder einen besonders magischen Moment erinnert.

Ich glaube, man kann wohl sagen, dass die meisten Songs heute von Liebe handeln – in den unterschiedlichsten Formen. Es scheint also eine starke Verbindung zwischen Liebe und Noten zu geben. Viele Sänger verarbeiten durch ihre Musik traumatische Liebesbeziehungen, was ihre Lieder besonders intensiv macht und uns stark berühren kann. Kaum eine Kunst schafft es so gut, Emotionen direkt zu uns zu transportieren wie Musik. Ein bestimmtes Lied kann uns innerhalb von Sekunden in ein anderes Land bringen oder um Jahre zurück an einen ganz bestimmten Moment in unserem Leben. Eine solche starke Verbindung bleibt dann meist ein Leben lang bestehen, bis sie vielleicht durch einen anderen Song und ein anderes Erlebnis überschrieben wird.
Ich befasse mich viel mit unterschiedlicher Musik, denn, wie Sie sich denken können, spielt Sie für die Magie und den Film eine übergeordnete Rolle. Und ich kann nur empfehlen: Lassen Sie Musik auch eine magische Rolle in Ihrem Leben spielen.

Stimmungsmacher
Musik ist bei jeder Art von Show und erstrecht im Film sehr entscheidend, um beim Publikum bestimmte Stimmungen und manchmal sogar direkte Reaktionen hervorzurufen. Musik ist unmittelbar mit unseren Emotionen verbunden und wird deshalb auch so gut abgespeichert. Weil sie uns berührt. In einem Horrorfilm läuft

daher andere Musik als in einer romantischen Komödie. Im Film wird die Musik heute so eingesetzt, dass die Zuschauer sie im besten Fall gar nicht wahrnehmen, sie aber dennoch ihre ganze Wirkung entfalten kann. Hören die Zuschauer später einen Song aus diesem Film in einem völlig anderen Zusammenhang, erinnern Sie sich automatisch an den Film, oft sogar die entsprechende Szene. Das sind zwei Effekte der Musik, die ich auch in meinen Shows verwende. In der Zauberei setze ich Musik und Soundeffekte gezielt ein, um besondere Momente, in denen es beispielsweise richtig spannend wird, hervorzuheben. Und wenn meine Zuschauer diese Musik später einmal in einem anderen Zusammenhang hören, werden Sie sich wahrscheinlich an die Show zurückerinnern und daran, was genau bei dieser Musik auf der Bühne passiert ist.

Richtig eingesetzt, können Zuschauer wirklich eine Gänsehaut bekommen, obwohl sie vom Verstand her genau wissen, dass das, was sie sehen, nur eine Illusion ist, ob in der Magie oder im Film. Doch unser Verstand wird für einige Momente in den Hintergrund gedrängt und die Gefühle von Anspannung und Neugier gewinnen die Oberhand. Wie schon gesagt. Gefühle besiegen (fast) immer den Verstand.

Vielleicht ist Ihnen gar nicht so sehr bewusst, wie Sie von Musik beeinflusst werden. In Kaufhäusern läuft beispielsweise Hintergrundmusik, die (laut irgendeiner Marktforschung) von der Mehrheit der Kunden als angenehm empfunden wird. So sind sie dazu geneigt, sich dort länger aufzuhalten und in Kauflaune zu kommen. Und wenn damit der allgemeine Geschmack getroffen wird, dann stimmt das ja auch. Würden Sie sich in einem Geschäft nicht wohlfühlen, weil im Hintergrund nur Hard-Rock läuft, würden Sie es sehr schnell wieder verlassen – es sei denn natürlich, Sie sind Hard-Rock-Fan. Gehen Sie mal in ein Geschäft, das eine sehr junge Zielgruppe hat. Da werden Sie sicher keine Schlager hören. In Hotels und Fahrstühlen lässt sich das gleiche Phänomen beobachten. Nicht jeder genießt die Fahrt im Aufzug, besonders, wenn alles aus Glas ist und der Blick nach unten in die Tiefe durch nichts blockiert wird. So läuft dort meist eine entspannende Musik. In U-Bahnstationen oder Bahnhöfen läuft in manchen Städten klassische Musik. Angeblich soll sie das Gewaltpotenzial minimieren und damit am Abend die Kriminalität eindämmen, sodass Menschen erst gar nicht dazu verleitet werden, ein Verbrechen zu begehen, weil sie die Musik beruhigt. Oder vielleicht, weil sie die Musik nicht mögen. Egal, wäre ja derselbe Effekt.

Der Sound Ihres Lebens

Weil Musik eine vitalisierende oder auch entspannende Wirkung haben und unsere Stimmung augenblicklich in die gewünschte Richtung verändern kann, können wir sie gezielt nutzen. Für uns selbst. Denn sie kann uns sehr unterstützen, wenn wir gerade an einem großen Projekt, vielleicht sogar dem Unmöglichen sitzen.

Sicher ist Ihnen schon aufgefallen, dass bei Massagen immer eine beruhigende Musik im Hintergrund läuft. So ist es viel leichter, sich zu entspannen. Gleiches gilt für Hypnose und Meditation. Wir beginnen sofort im Kopf runterzuschalten und bestenfalls den Alltag für einige Augenblicke loszulassen. Überlegen Sie sich also, wann Sie selbst wie auf bestimmte Musik reagieren und setzen das in ihrem Alltag ein. Wenn Sie wissen, welche Musik Ihre Laune hebt, spielen Sie diese am Morgen. Musik, die Ihnen Ruhe gibt, ist wunderbar geeignet, um nach der Arbeit runterzukommen. Vielleicht gibt es auch Musik, bei der Ihnen die Arbeit leichter fällt. Oder aber Sie können bei Musik nicht arbeiten, suchen sich aber dafür Songs oder Stücke heraus, mit denen Sie zwischen Ihren 90-Minuten-Arbeitsblöcken ein richtige Power-Pause machen können.

Studien haben gezeigt, dass Musik auch entscheidend beim Lernen helfen kann. Natürlich streiten sich hier die Geister. Denn einige sind der Überzeugung, dass wir in absoluter Stille am besten und konzentriertesten lernen. Ich denke, dass wir, wie bereits erwähnt, am besten lernen, wenn wir uns in einem entspannten Zustand befinden. Auf welche Art und Weise dieser nun genau erreicht wird, ist selbstverständlich individuell unterschiedlich. Doch gerade klassische Musik, die leise im Hintergrund läuft, soll große positive Effekte auf das Lernen haben, da so beide Gehirnhälften synchronisiert werden. Auch hier gilt wieder: Ausprobieren. Wenn Sie, wie weiter oben beschrieben, eine neue Fertigkeit erlernen wollen, kann es eine Menge Spaß bedeuten, wenn Sie eine coole Musik im Hintergrund laufen lassen. Dann wirkt die Musik beflügelnd.

Selbst Sound machen

Aktiv Musik zu machen, auf welchem Instrument auch immer oder auch „nur" mit Ihrer Stimme, mobilisiert das Gehirn und schüttet eine Menge Glückshormone aus. Musik zu machen kann wie ein Jungbrunnen wirken, da neue neuronale Verbindungen geknüpft werden. In der Medizin wird Musik sogar mittlerweile als therapeutisches Mittel eingesetzt. Insofern sollten wir ihre Wirkung nicht unterschätzen. Sie hat Auswirkungen auf Herzschlag, Blutdruck und Atemfrequenz bis hin zu unserem Hormonhaushalt. Insbesondere wirken die Klänge auf Nebenniere und Hypophyse.
Bei schneller und aggressiver Musik wird Adrenalin im Körper ausgeschüttet, bei entspannter und beruhigender Musik dagegen Noradrenalin. Auf diese Weise lasst sich die Ausschüttung von Stresshormonen im Körper z.B. verringern. Das geht so weit, dass Musik sogar Schmerzen lindern kann (außer vielleicht ein trauriger Song bei Liebeskummer).

Musik kann sich auch günstig auf unsere Intelligenz auswirken, denn sie trainiert das Gehirn, da es beim Zuhören von Musik viele verschiedene Informationen gleichzeitig verarbeiten muss. Es muss Tonhöhe und Melodie erkennen und sie vergleichen. Dazu muss die zeitliche Abfolge der Töne erfasst und die Position der Schallquelle entsprechend verarbeitet werden. Übrigens bleiben alle Neuverschaltungen, die in unserem Kopf beim Musikhören entstehen, erhalten. Musizieren hat auch einen Gedächtnistrainingseffekt, der nicht nur älteren Menschen zugutekommt und den Abbau von Nervenzellen im Gehirn verhindert. Also singen Sie, holen Sie Ihre alte Gitarre wieder aus dem Keller oder überlegen Sie, welches Instrument Sie schon immer spielen wollten. Das Üben mag nicht jeden in Ihrer Umgebung verzaubern – aber Ihrem Leben kann Musik viele magische Momente geben.

Bereit für Höchstleistungen

Klar ist auch: Musik kann uns zu Höchstleistungen treiben, denn sie wirkt auf allen Ebenen des Gehirns und hat einen direkten Zugang zu unseren Emotionen. Deshalb heißt es, dass Musik beim Training unsere Leistung um bis zu 30 Prozent steigern kann. Kognitionswissenschaftler Stephen Pinker hat Musik einmal als „akustischen Käsekuchen" bezeichnet. So wie Käsekuchen die menschlichen Vorlieben für Zucker und Fett befriedige, sei Musik ein Zufallsprodukt, das unsere Lustzentren befeuere. Und um Lust geht es auch im nächsten Kapitel.

Kapitel Zwanzig
Erotische Geheimnisse

Erotik lebt von Spannung und Ungewissheit genauso wie die Magie. Wie in der Zauberei ist es auch in erotischen Momenten besonders aufregend, wenn Sie keine Ahnung haben, was als Nächstes passiert. Es kann alles passieren – oder auch einfach gar nichts.

Nun fragen Sie sich vielleicht, wie ein Kapitel über Erotik seinen Weg in dieses Buch gefunden hat. Dahinter steckt eine Mischung aus Zufall und persönlicher Motivation. Genau wie in der Magie dreht sich beim Thema Erotik vieles um Geheimnisse. Ein Filmkritiker hat einmal zu mir gesagt, dass Magie für ihn die erotischste Kunstform sei, die es gäbe. Vielleicht, weil sie so viel mit Fantasie und eben dem Geheimnisvollen zu tun hat. Hinter verschlossenen Türen.

Echte Erotik ist eine wahre Kunstform und kann, wenn die richtigen Partner aufeinandertreffen, zum Meisterwerk werden. Um wirklich magische Momente zu erzeugen, gehört allerdings einiges an Vorbereitung dazu – wie bei der Magie. Ein Vorspiel kann schon viele Stunden vorher beginnen, zum Beispiel mit entsprechenden Nachrichten (per E-Mail, Brief oder Boten!) oder mit kleinen Geschenksendungen die Stimmung richtig anheizen. Wahre Erotik ist kein Schnellschuss (verzeihen Sie die Metapher). Sie bedarf einer sorgfältigen Inszenierung genau wie die Zauberei. Und mit dem Genuss von Erotik verhält es sich auch genau wie mit dem Genuss von Magie: Sie können nur richtig genießen, wenn Sie Ihren Verstand ausschalten. Wenn Sie anfangen darüber nachzudenken, was Sie als Nächstes tun sollten, verschwindet die Magie augenblicklich – genau das passiert auch mit einer erotischen Stimmung. Doch wenn Sie richtig dabei sind und alles passt, sind die Momente der Magie und die Momente der Erotik so intensiv, dass Sie keine Sekunde haben, um über irgendetwas nachzudenken.

Wenn es Ihnen gelingt, jemanden nach allen Regeln der Kunst zu verführen, können sich für Sie neue Welten öffnen. Die Facetten der Erotik sind wahrscheinlich grenzenlos und in ihren einzelnen Ausprägungen unendlich miteinander kombinierbar. Schließlich fließen hier auch viele Details mit ein, wie Stimmung, Dekoration, Raumduft, Kerzenanordnungen, Musik, Dessous, Massageöl und gegebenenfalls auch Spielsachen für Erwachsene. Als ich letztens bei meinem Friseur saß, der übrigens ein Zauberkollege von mir ist und mit dem ich immer Geheimnisse austausche (also Zaubergeheimnisse, keine, Sie wissen schon ...), habe ich mal wieder in einer Männerzeitschrift geblättert. Das mache ich dort besonders gerne, weil ich immer interessante Dinge erfahre. So auch an diesem Tag: Da stand ein Artikel einer lesbischen Frau, die Männer darauf aufmerksam machte, welche „Fehler" sie im Bett machten und was sie so alles tun könnten, um es „richtig" zu machen. Aus ihrem eigenen Privatleben berichtete sie, dass man mit einer Frau 30 Jahre lang am Stück Sex haben könnte und ganz sicher noch immer nicht alles ausprobiert habe, was möglich wäre. Das lässt doch noch viel Spielraum offen! Und trotzdem denken manche Menschen, sie hätten schon alles ausprobiert. Tja, das ist leider ein verhängnisvolles, aber weit verbreitetes Denkmuster, das nicht nur auf Sex zutrifft.

Lustkiller

In einer TV-Sendung hieß es einmal, dass etwa 80 Prozent der Deutschen schon einmal beim Sex eingeschlafen sind. Ich hoffe, das sind nur fiktive Zahlen, sonst wäre es wirklich erschreckend und vor allem absolut unmagisch. Und ungesund. Denn Sex gilt als der natürlichste Stresskiller überhaupt. Er stärkt das Immunsystem und hebt nachweislich die Stimmung. Während wir mit dem Thema durch die Medien nahezu pausenlos bombardiert werden, ist es erstaunlich, wie wenig Sex tatsächlich im alltäglichen Leben bzw. in Beziehungen und Ehen praktiziert wird. Steigender Alltagsstress wirkt sich nämlich als Lustkiller auf unser Privatleben aus und so bleibt die erotische Magie auf der Strecke.

Heißer Tipp

Was alle diese Gedanken nun damit zu tun haben, dass Sie das Unmöglich möglich machen. Ganz einfach: Wenn Sie gerade an einem Lösungsansatz für irgendetwas arbeiten, ist es – wenn möglich – ein genialer Trick, sich intensiv mit der Materie zu befassen und anschließend Sex zu haben. Im besten Fall guten Sex. Denn dabei ist Ihr bewusster Verstand idealerweise „ausgeschaltet", sodass Ihr Unterbewusstsein Gelegenheit hat, mit einer genialen Lösung aufzuwarten. Wenn es gut erzogen ist, passiert das nicht währenddessen, sondern erst danach. Denn sollten Sie mittendrin zu Ihrem Zauberbuch greifen, verschafft Ihnen das wahrscheinlich nicht so viele Pluspunkte.

Aber prinzipiell kann auf diese Weise sogar Sex dabei helfen, das Unmögliche möglich zu machen, oder zumindest dabei, eine Menge neuer Energie zu gewinnen. Und ich denke, jede Leserin beziehungsweise jeder Leser kann bestätigen, wie gut alleine Berührungen und Nähe tun können.

Apropos „Bewegung", das bringt Sex natürlich auch – und damit eine wunderbare Überleitung zum nächsten Kapitel.

Kapitel Einundzwanzig
Jede Bewegung zählt

In diesem Kapitel verrate ich Ihnen, wie Magie und die deutsche Bikinimeisterschaft zusammenpassen. Sind Sie jetzt neugierig? Wunderbar. Denn eigentlich hätte ich dieses Kapitel mit dem Satz anfangen müssen: Um, das Unmögliche zu erreichen, müssen Sie immer in Bewegung bleiben. Und das klingt nach Anstrengung. Aber ich muss Ihnen klarmachen, dass Sie in Bewegung bleiben müssen, wenn Sie das Unmögliche möglich machen wollen. Und zwar durch echte, anstrengende, körperliche Bewegung. Zur Bikini-Meisterschaft komme ich dann natürlich auch noch.

Sie können den Körper Ihrer Träume bekommen, wenn Sie sich dafür entscheiden und Ihre Energie bündeln. Eine magische Pille gibt es dafür aber leider nicht. Und die Energie, die Sie dafür brauchen, wird Ihnen nicht auf einem silbernen Tablett serviert. Um mehr Energie für alles, was Sie wollen, zu erhalten, müssen Sie sie produzieren!

Wenn Sie ein Ziel erreichen wollen, müssen Sie eine Distanz überwinden, sei es mental oder körperlich. Wenn Sie jetzt in diesem Moment nicht an dem Ort sind, an dem Sie gerne leben würden, nicht den Beruf ausüben, von dem Sie träumen, oder noch nicht mit dem Menschen zusammen sind, denn Sie lieben, trennt Sie irgendeine Form von Distanz von diesem Zustand. Erschreckenderweise legen viele in ihrem Alltag heute nur noch rund 100 Meter am Tag zurück. Das ist wirklich sehr wenig und bringt einen – ganz wortwörtlich – nirgendwohin. Dabei bewegen Sie sich mit jedem Schritt, den Sie unternehmen, mit jedem Meter, den Sie hinter sich lassen, ein Stück auf Ihr Ziel zu. Also setzen Sie gezielte Schritte in Richtung vorwärts, bitte nicht rückwärts.

Auch die Magie ist voller Bewegung: Meine Hände sind immer in Aktion, auch wenn ich nicht auf der Bühne stehe: Fingerfertigkeit trainieren, neue Effekte zusammenbauen, Skripte für die Show schreiben und vieles mehr. Wenn es Richtung Bühnenshow geht, dehnen sich die Bewegungen auf den ganzen Körper aus: Stellproben, technische Proben, Requisiten schieben, Illusionen aufbauen usw. Hinzu kommt natürlich das Reisen, um an den jeweiligen Ort der Show zu gelangen. Und übrigens bewegen wir uns auch ständig auf Menschen zu oder von Ihnen weg. Und auch das hat eine enorme Wirkung auf unser Leben. Ich halte Bewegung generell für sehr wichtig – so bleibe ich und bleiben auch Sie gefordert. Und ich halte Bewegung, gerade im sportlichen Sinn, für sehr entscheidend, um das Unmögliche zu schaffen. Wie heißt es so schön: Ein gesunder Geist lebt in einem gesunden Körper. Wir alle wissen, dass Gesundheit das allerwichtigste Gut überhaupt ist – ist sie nicht vorhanden, rücken unsere Träume schnell in unerreichbare Ferne. Viele Menschen geben Unsummen an Geld für wirklich unnütze Dinge aus, statt in ihren Körper bzw. ihre Gesundheit zu investieren. Um große Ziele zu erreichen, muss man einfach fit und belastbar sein. Denn man muss jede Menge Turbulenzen standhalten können und manchmal auch einfach schneller und agiler sein als die Konkurrenz, die wie wir wissen, niemals schläft.

Fit wird man im Kopf

Meine Trainerin Agata hat mir vor Kurzem etwas Entscheidendes gesagt. Sie meinte: „Es muss erst in deinem Kopf passieren. Wenn du deinen Körper nicht an seine Grenze bringst, werden diese Grenzen immer bestehen bleiben und er lernt nicht, dass er sie überschreiten kann." Wie wahr. Wir können unsere Grenzen nur hinausschieben, wenn wir über sie gehen. Am besten regelmäßig. Natürlich nicht bis zum Umfallen, aber der Mensch wächst am Widerstand. Arnold Schwarzenegger hätte zu seinen besten Zeiten nie so ausgesehen und wäre auch nicht „Mister Universe" geworden, wenn er nicht permanent im Training seine Grenzen überschritten hätte. Hier kommt natürlich wieder die Frage ins Spiel: Wie sehr wollen Sie es? Sind Sie bereit, mit vollem Einsatz zu spielen? Oder verweilen Sie lieber zu Hause auf der Couch und warten darauf, dass die Dinge zu Ihnen kommen, ohne dass Sie sich bewegen müssen? Dies wird in den allermeisten Fällen wohl eher nicht funktionieren. Obwohl, neulich hat ein wirklich gutaussehender Mann meine Pizzabestellung geliefert hat – heißer Typ und heiße Pizza ... Entschuldigen Sie diesen Ausfall. Der Gedanke hat mich abgelenkt. Also mal abgesehen von gelieferten Pizzas: Für die meisten Dinge müssen wir dann doch aktiv werden, daran führt kein Weg vorbei.

Stark werden

Der wichtigste Grundsatz ist: Wenn Sie körperlich stärker werden, werden Sie auch mental stärker und das ist als Mentalmagier entscheidend für all die Herausforderungen, mit denen Sie es zu tun bekommen, wenn Sie sich auf den Weg machen, etwas Großes zu erreichen. Vielleicht müssen Sie, um Ihr Ziel zu erreichen, eine größere physische Distanz zurücklegen, dann ist es in jedem Fall von Vorteil, gut in Form zu sein. Das Gleiche gilt, wenn Sie einen bestimmten Menschen für sich gewinnen möchten – auch hier ist es ein entscheidender Vorteil attraktiv zu wirken, und das tun Sie bereits automatisch, wenn Sie sich in Ihrem Körper wohlfühlen. Sport reduziert zudem nachweislich den Stress in unserem Körper und wir werden ausgeglichener. Und: Mitten im Training werden Sie manchmal von genialen Ideen heimgesucht, denn hier können Sie mental abschalten, sodass, wie bereits erwähnt, Dinge verarbeitet werden können und Lösungen wie aus dem Nichts erscheinen.

Ich habe den Titel dieses Kapitels bewusst gewählt: „Jede Bewegung zählt". Denn genau darum geht es: Um aktiver und fitter zu werden, zählt jede Bewegung. Nehmen Sie die Treppe statt den Fahrstuhl (auch die Rolltreppe zählt nicht). Wenn Sie einkaufen gehen und Ihr

Auto parken, nehmen Sie den Platz, der am weitesten vom Eingang entfernt ist, sodass Sie mit Ihren vollen Tüten einen längeren Weg zurücklegen müssen. Das hat übrigens auch den Vorteil, dass Sie sich nicht in die engste Parklücke zwängen oder mit einem anderen um den letzten Platz in der ersten Reihe streiten müssen. Ich beobachte ganz oft, wie Menschen das tun, nur um nicht drei Meter mehr laufen zu müssen! Vielleicht können Sie auch einige Dinge mit dem Fahrrad oder Skateboard (wenn Sie in einer entsprechenden Gegend leben, vielleicht auch mit dem Surfboard oder dem Ruderboot) erreichen. So sind Sie zusätzlich aktiv und das Thema Parkplatzsuche entfällt sowieso. Wenn Sie ehrlich darauf achten, werden Sie jeden Tag sehr viele Möglichkeiten finden, sich zu bewegen. Es ist wie mit dem Chaos: All diese Bewegungen summieren sich am Ende eines Tages, Monats, Jahres. Eben wie das Chaos: Ein Blatt Papier auf dem Schreibtisch sorgt noch nicht für Unordnung – 50 Blätter dagegen schon! Merken Sie sich dies als lustiges Bild.

Magic Bodybuilding

Vielleicht steht bei Ihnen gerade auf dem Plan, Ihren Körper zu verändern, stärker, schneller, schlanker zu werden, was immer Sie sich wünschen. Dann ist mein Tipp, schauen Sie sich die Geheimnisse der Bodybuilder an und die Resultate werden Sie überraschen. „Oh Gott, das sind doch diese braun glänzenden Menschen in komischen Posen!“, denken Sie. Ja auch, aber für mich beweisen diese Menschen, was unser Körper alles leisten kann, wenn wir es darauf anlegen und unsere gesamte Energie, sowohl körperlich als auch mental, auf ein einziges Ziel fokussieren. Nicht umsonst gibt es bei Wettbewerben auch die Klasse „Bodybuilding über 60“ – wenn man sich diese Figuren ansieht, können manche mit 25 dagegen einpacken! Ich habe es früher sehr aktiv betrieben und sogar mal an einer Bikinimeisterschaft teilgenommen. Das Training für diesen Wettkampf hat mir gezeigt, welche „Macht“ ich über meinen Körper habe. Sie müssen aber gar nicht auf irgendeinen Traumkörper hinarbeiten. Aber ich garantiere Ihnen, wenn Sie es einmal über einen gewissen Zeitraum selbst auszuprobieren, kann es Ihnen wirklich sehr helfen, auf mehreren Ebenen ein erfüllteres Leben zu führen. Sie müssen ja nicht gleich für einen Wettbewerb trainieren und Sie können es selbstverständlich auch einfach Krafttraining nennen. So heißt es auch in den heutigen Fitnessstudios. Ist aber nichts anderes als Bodybuilding. Krafttraining erhöht die Fettverbrennung auch außerhalb des Trainings, da nach einem intensiven Training die Muskeln vom Körper repariert werden müssen, was die Fettverbrennung antreibt. Darüber hinaus verbrauchen mehr Muskeln mehr Energie, sowohl im Ruhezustand als auch beim aktiven Training (oder Treppensteigen). Es kommt nach dem Training auch zu einem „After-Burner-Effekt", ein Nachbrennen. Das heißt, Sie verbrennen noch Kalorien, wenn Sie schon lange nicht mehr trainieren – das ist doch fast magisch, oder?

Wie der Begriff „Krafttraining" schon sagt, bauen wir Kraft auf. Diese können Sie für all das einsetzen, was Sie gerne erreichen möchten. Durch das Training werden nicht nur Muskeln aufgebaut, sondern auch die Knochendichte gestärkt, was nachweislich Osteoporose vorbeugen kann. Das Training reduziert das Verletzungsrisiko und lindert Rückenschmerzen – auch sehr hilfreich, um über einen bestimmten Zeitraum, wenn man etwas erreichen möchte, Höchstleistungen bringen zu können. Je mehr Muskeln Sie haben, desto geringer ist Ihr Blutzucker, was zu einem verminderten Risiko von Diabetes Typ 2 führt. Ihr Selbstbewusstsein und Selbstwertgefühl steigen, was Sie automatisch auch interessanter für andere Menschen macht. Beim Krafttraining werden Endorphine ausgeschüttet. Diese sind in ihrer chemischen Struktur dem Morphium ähnlich, sodass sich Ihre Stimmung aufhellt. Sicher einer der besten Effekte: Der Alterungsprozess wird durch Krafttraining verlangsamt und unsere äußere Erscheinung hängt im Wesentlichen von der Beschaffenheit unserer Muskulatur ab.

Übrigens, wenn es Ihnen darum geht, Gewicht zu verlieren, liegt ein weit verbreiteter Trugschluss im Glauben, dass es helfen würde, nur endlos joggen zu gehen oder auf dem Crosstrainer zu strampeln. Das Krafttraining ist die entscheidende Komponente. Sie glauben mir nicht? Okay, ich gebe Ihnen ein gutes Beispiel: Wenn es funktionieren würde, dass wir permanent abnehmen, wenn wir nur weniger essen und dafür umso mehr laufen, dann würden sich professionelle Marathonläufer irgendwann vor uns in Luft auflösen! Das wäre zwar ein cooler Zaubertrick, doch dieser Energiesatz geht so nicht auf.

Ideal sind etwa drei Krafttrainingseinheiten pro Woche, denn der Körper braucht zwischendurch auch Zeit, sich zu regenerieren. Es ist das Gleiche wie auf der mentalen Ebene mit Gedanken und Ideen. Die Muskeln wachsen nicht während des Trainings sondern in den Ruhephasen. Beim Training setzen Sie nur den Reiz zum Wachstum.

Und noch eine banale Weisheit, die man aber nicht oft genug wiederholen kann: Trinken Sie viel Wasser! Vor allem, wenn Sie trainieren. Ideal sind drei Liter am Tag. Das Wasser hilft dem Körper, Giftstoffe auszuschwemmen und Nährstoffe schneller durch den Körper zu transportieren. Wenn Sie nun denken, dass Sie Wasser mit Bier, Wein oder Kaffee ersetzen können, wäre das ein toller Zaubertrick, zählt aber nicht in die Bilanz der drei Liter – es geht ausschließlich um Wasser, am besten ohne Kohlensäure.

Die Bikinimeisterschaft

Gut, jetzt haben Sie sich endlich die Antwort darauf verdient, was Magie mit der Bikini-Meisterschaft zu tun hat. Eigentlich ist sie ganz einfach und nicht soo aufregend, aber ich wollte sie ja bei der Stange halten, während ich Sie davon überzeuge, in Bewegung zu kommen. Hier also die Bikini-Meisterschaft: Ich selbst wurde vor einigen Jahren – eher zufällig – gefragt, ob ich an einer Bikini-Meisterschaft (einer speziellen Wettkampfklasse im Bodybuilding) teilnehmen wollte und habe „Ja“ gesagt. Das bedeutete damals allerdings, dass ich meinen Körper innerhalb von vier Wochen in Top-Form bringen musste. Und das habe ich geschafft – und zwar immerhin so gut, dass ich es als Anfängerin auf Platz Drei unter 25 Teilnehmern schaffte. Das hätte ich vier Wochen zuvor nie für möglich gehalten ...

Jetzt sind Sie am Zug

Ich hoffe, ich konnte die passenden Argumente anbringen, um Sie zum Training zu animieren. Machen Sie ein Probetraining in einem Fitnessstudio oder probieren Sie irgendeine Sportart aus, die Sie noch nie getestet haben. Aber vor allem: Werden Sie aktiv – machen Sie sich fit für Ihre großen Ziele!

Wenn Sie es richtig ernst meinen, setzen Sie noch einen drauf: Melden Sie sich für einen sportlichen Wettkampf an, egal, was es ist, ob ein Fünf-Kilometer-Lauf, ein Marathon, die Strongmen, ein Holzhackwettbewerb – was immer Sie möchten. Sie werden erstaunt sein, wie sehr Sie diese Deadline des Wettbewerbs beflügeln wird! Und Sie werden überrascht sein, was für Komplimente Sie aus Ihrem Umfeld ernten werden.

Bleiben Sie am Ball. Wenn Sie richtig fit sind und viel Energie haben, können Sie auch jeden Tag Ihr Bestes geben. Ich buche nie ein Hotel ohne Fitnessraum und egal, wo es mich hinverschlägt, die Laufschuhe sind immer im Kofferraum. Das ist eine mentale Einstellung, die ich durch Wiederholung gelernt habe. Üben, üben, üben. Das kennen wir doch schon.

Kapitel Zweiundzwanzig
Stressmanagement

Kurz bevor es für mich auf die Bühne geht, ist der stressigste Moment jeder Show. Weil ich mir überlege, ob ich alle Requisiten in den Koffer gepackt habe und alles an seinem Platz steht. Ich gehe die Reihenfolge der Effekte durch und überlege mir, wie wohl das Publikum gelaunt ist und ob die Techniker wissen, was sie zu tun haben. Und ob es mir wieder einmal gelingen wird, für meine Zuschauer das Unmögliche möglich zu machen. Es ist pure Anspannung.
Mittlerweile gibt es unzählige Bücher zum Thema Stressmanagement. Daher werde ich hier einfach ein paar magische Tricks verraten, die mir persönlich immer wieder helfen, aus negativem Stress herauszukommen. Denn unter dem leidet am Ende Kreativität, Produktivität und jeder Gedanke an das Unmögliche.

Wenn wir uns auf den Weg machen, das Unmögliche in die Realität zu holen, werden wir zwangsläufig mit jeder Menge Stress konfrontiert, weil wir es ziemlich schnell mit neuen Situationen, ungewohnten Reaktionen und unbekannten Menschen bzw. Orten zu tun haben.
Natürlich sollten wir nicht vergessen, dass es verschiedene Formen von Stress gibt. Der sogenannte Eustress ist positiv, wenn wir z.B einen tollen Urlaub gebucht haben und dann bei den Reisevorbereitungen die Zeit knapp wird. Oder wenn wir ein bestimmtes Projekt fristgerecht beenden müssen, das uns jedoch großen Spaß macht.

Über den positiven Stress müssen wir nicht reden. Der negative aber kann ziemlich üble Auswirkungen auf unsere Gesundheit, bis hin zu unserem Überleben haben. Ja auch auf unser Überleben: Stellen Sie sich vor, Sie wären in einem Hotel, in dem ein Feuer ausbricht. Da Sie so extrem gestresst sind von der Situation, sind Sie nicht mehr in der Lage, den Evakuierungsplan an der Türe zu lesen und damit den schnellstmöglichen Fluchtweg zu finden – das kann Sie unter Umständen Ihr Leben kosten! Ich empfehle übrigens generell, bei Ankunft im Hotel einen Blick auf den Plan zu werfen, der zeigt wie Sie das Gebäude im Notfall am schnellsten verlassen können – die meisten Menschen tun dies übrigens nie. Das mag ein kleiner Exkurs mit Augenzwinkern gewesen sein, nachweislich ist Stress jedoch tatsächlich für diverse Krankheiten verantwortlich.

Die Illusion der Produktivität

Viele Menschen neigen dazu, sich zu überarbeiten. Kein Mensch ist acht Stunden am Stück am Schreibtisch produktiv, das ist eine Illusion. Vor allem, wenn dabei keinerlei Rücksicht auf die individuelle Leistungskurve genommen wird. Nicht nur Uhren auch Menschen „ticken anders". Darüber habe ich schon in den vorhergehenden Kapiteln gesprochen.

Und selbst bei positivem Stress – wir sind aufgeregt, freuen uns über eine Aufgabe, fiebern auf das Ergebnis hin und so weiter – brauchen wir Pausen. Überlegen Sie doch einfach einmal: Kein Zuschauer würde es aushalten, einen Kinofilm anzuschauen, bei dem er 90 Minuten permanent in Atem und Spannung gehalten wird. Es muss dazwischen auch Momente der Entspannung geben, in denen er relaxen kann und wieder bereit ist für (An-)Spannung. In unserem Leben ist es genauso. Pausen und Auszeiten wirken sich entscheidend auf unseren Erfolg sowie unsere langfristige Leistungsfähigkeit aus.

Übrigens ein kleines Erfolgsgeheimnis. Wenn Sie es schaffen, sich zu „entstressen", den Stress in Ihrem Leben besser managen und Zeiten zum Auftanken Ihrer Energiereserven finden, werden Sie natürlich ruhiger und gelassener. Und wenn Sie zu einem Ruhepol werden, wirken Sie auf andere fast schon überlegen, oder zumindest so, als hätten Sie alles im Griff, egal, was passiert – wie von Zauberhand.

Hier nun also meine persönlichen Tricks:

Eines sage ich Ihnen gleich. Viele von Ihnen lesen diese Tipps nun gleich und sagen: „Wie banal – das hab' ich alles schon gelesen." Das glaube ich Ihnen sofort. Die Frage ist aber: Was davon haben Sie schon einmal versucht ernsthaft umzusetzen?

Milch und Yoga gegen Schlaflosigkeit

Vielleicht gehören Sie zu den Menschen, die abends einfach nicht einschlafen können, weil sie nicht abschalten können. Hier habe ich persönlich einen simplen Trick, der heißt: Warme Milch trinken. Ich halte auch Yoga für einen sehr guten Ansatz. Diese östliche Bewegungsform lehrt uns Ruhe und Gelassenheit. Sie öffnet unseren Kopf für neue Dinge und baut Stress ab. Probieren Sie es aus. Ich bemühe mich selbst, so regelmäßig im Yogakurs vorbei zu schauen, wie es mir trotz meiner Reisen möglich ist. Es hilft. Man fährt automatisch alle Systeme runter in einen ruhigeren Modus. Wenn Sie diese Yogis beobachten, ist es immer wieder erstaunlich, mit welcher Gelassenheit sie sich auch außerhalb des Kurses bewegen und wie zentriert sie wirken.

Erfolgsgeheimnis Meditation

Ebenfalls ein großes Erfolgsgeheimnis ist die Meditation. Viele sehr erfolgreiche Menschen meditieren regelmäßig. Es gibt unendliche Versionen davon, da ist für jeden etwas dabei und ich werde auf meiner Seite auch eine magische Meditation bereitstellen. Die Meditation klärt unseren Geist und bringt uns zurück zu unserer Mitte. Gedanken wiegen nicht mehr so schwer und wir kommen zur Ruhe. Eine Art mentale Entgiftung. Wenn Sie die Meditation mit einem Ziel kombinieren möchten, bietet sich die Hypnose an. Sie entspannen Sie sich, während Sie Ihren Geist gleichzeitig auf ein gewünschtes Endergebnis ausrichten. Das ist meine Lieblingsmethode.

Nur 15 Minuten Ärger am Tag

Ein Trick besteht darin, dass Sie sich am Tag 15 Minuten dafür zu reservieren, über alles nachzudenken, was Sie nervt und ärgert und wie Sie es abstellen können. Wenn im Laufe des Tages Sogen und Ärger auftauchen, verschieben Sie es auf diesen dafür vorgesehenen Zeitraum.

Pfefferminzöl

Wenn Sie neue Energie brauchen: Setzen Sie Pfefferminzöl ein. Laut wissenschaftlichen Studien hat dies eine sehr erfrischende Wirkung.

Power Naps

Auch die sogenannten Power-Naps können Ihnen schnell einen Energieboost verschaffen. Das heißt für Sie: „Time out!" Aber nur für 15 – 20 Minuten, sonst sind Sie danach noch müder als zuvor.

Belohnungen

Belohnen Sie sich für etwas, was Sie erreicht haben, die Sie erreicht haben, mit angenehmen Dingen. Das steigert nicht nur Ihr Selbstbewusstsein, sondern verschafft Ihnen auch Entspannung. Ein paar Belohnungsbeispiele: Shoppen, Gummibärchen, ein heißes Bad, ein Saunabesuch, ein toller Film oder buchen Sie eine Behandlung im Hamam, dabei wird gleich die oberste Hautschicht abgetragen und Sie können mal so richtig zum Schaumschläger werden.

Lachen und Weinen

Lachen ist die beste Medizin: Dabei werden jede Menge Muskeln angespannt, Schmerzen im Körper reduziert und sie fühlen sich sofort besser. Ähnlich verhält es sich, wenn Sie weinen. Dabei wird Stress im Körper gelöst und die Tränen enthalten sogar eine Art Giftstoff, der den Körper verlässt. Leben Sie Ihre Gefühle aus – das entstresst ungemein. Kleine Anmerkung an meine Drama-Queens: Nein, euch habe ich damit nicht gemeint. DAS bekommt ihr ohnehin sehr gut hin.

Vernünftig essen

Essen Sie regelmäßig, etwa vier bis sechs Mahlzeiten am Tag, das hält Ihren Blutzuckerspiegel stabil. Genießen Sie am besten ein proteinreiches Frühstück, das hält Sie wach und konzentriert.

Atmen und lockern

Schon tiefes Ein- und Ausatmen kann Ihr Stresslevel sofort minimieren. Oder probieren Sie auch einfach mal Ihre Schultern auszuschütteln, oder sich vorzubeugen, den Kopf locker baumeln zu lassen und sich dann langsam wieder aufzurichten.

… auf dem Trampolin

Im allerbesten Fall haben Sie ein Trampolin. So lösen sich beim Springen sämtliche Blockaden und aller angestaute Stress. Auch Ihre Lymphe kommt dabei in Fahrt. Das Trampolinspringen ist ein echter Energie-Booster. Deshalb praktiziert es der berühmte Motivationstrainer Anthony Robbins auch vor jedem seiner Bühnenauftritte. Hinzu kommt, dass es wirklich Spaß macht. In ausgewählten Fitnessstudios gibt es sogar schon Trampolinspring-Kurse.

Effektives Zeitmanagement

Nutzen Sie ein effektives Zeitmanagement und delegieren Sie Dinge, damit Sie mehr Raum für Ihre Entspannung schaffen und nachts gut schlafen. Dadurch sind Sie tagsüber viel leistungsfähiger und wacher, um große Chancen auch zu sehen, wenn Sie bei Ihnen an die Türe klopfen. Denn was haben Sie davon, wenn Ihnen der Super-Deal im Land Ihrer Träume angeboten wird, Sie körperlich jedoch so erschöpft sind, dass Sie nicht in der Lage sind, das Angebot anzunehmen?

Ihr magischer Stress-Zauber

Finden Sie Ihre eigenen Stress-Bewältigungsmethoden – und zwar dann, wenn Sie gerade keinen Stress haben. Fühlen Sie nach, womit Sie sich wohlfühlen und wo Sie am besten entspannen können.

Über was können Sie lachen – sorgen Sie dafür, dass solche Situationen, Bücher, Menschen immer greifbar sind. Massagen und Sex sind übrigens auch gute Varianten, bei denen sich die physische Ebene direkt auf die psychische Ebene auswirkt.

Überlegen Sie, was Ihnen guttut, was Sie entspannt, fragen Sie andere nach ihren Methoden – und schreiben Sie alle Ideen in ihr Zauberbuch – so entstehen magische Tricks.

Kapitel Dreiundzwanzig
Geldmagie

Wenn ich in einer Show einen Zehn-Euro-Schein innerhalb von drei Sekunden in einen 100-Euro-Schein verwandle, haben plötzlich ganz viele Zuschauer Zehn-Euro-Scheine dabei, die sie gerne umgetauscht hätten. Die Zauberei mit Geld ist für das Publikum immer interessant, weil jeder eine Verbindung zu diesem Thema hat. Einige Zuschauer zögern natürlich erst mal, bevor Sie Ihre Brieftasche zücken – zugegeben, manchmal passieren mit den Geldscheinen der Zuschauer wirklich wilde Sachen in einer Zaubershow. Ich verrate das hier am besten nicht en détail. Erstens, weil Sie mir sonst nie wieder einen Geldschein zum Zaubern leihen und zweitens sind einige dieser Aktionen mit Geldscheinen nicht wirklich erlaubt. Es handelt sich ja schließlich um magische Geldvermehrung. Doch ich muss zu meiner Verteidigung sagen: Ich hatte schon Auftritte bei wirklich großen Banken und das alles ging durch – so ist sie die Magie. Ein bisschen gegen die Regeln verstoßen kann spannend sein, solange niemand dabei zu Schaden kommt.

Was ist Geld?

Geld spielt für uns in der westlichen Welt eine zentrale Rolle und die meisten Menschen hätten gerne mehr davon. Doch ein wichtiger Gedanke gleich vorweg: Geld hat den Wert, den Sie ihm geben. Eigentlich ist es nur ein bedrucktes Stück Papier ohne reellen Gegenwert. Der Wert eines 500-Euro-Scheins ist nur eine Illusion, ein Wert, den wir ihm geben. Angenommen, Sie sitzen auf einer verlassenen Insel irgendwo im Dschungel, dann nützt er Ihnen gar nichts, denn Sie können damit keine einzige Palme dazu bewegen, sich in etwas Essbares zu verwandeln. Und das Papier ist wertlos. Es gibt eine Kreditkarte auf dem Markt, für die man sich aufwendig bewerben muss und die den Besitzer etwa 7.000 Dollar im Jahr kostet, nur damit er sie benutzen darf. Aber hey, es ist nur ein Stück Metall, das nicht mal von allen Kartenleseautomaten erkannt wird. Dennoch ist die Karte und vor allem das Image, das mit ihr einhergeht, heiß begehrt. Sie kaufen mit dieser Karte ein Gefühl, einen bestimmten Lifestyle und Anerkennung in diversen Kreisen. Eine ziemlich teure Illusion. Welchen Wert Sie welchem Gegenstand geben, liegt allein in Ihrer Hand.

Ich möchte Sie allerdings dazu animieren, dass Sie anfangen, anders über Geld zu denken. Wie Sie heute darüber denken, haben Sie wahrscheinlich in Ihrer Kindheit gelernt, das Verhalten Ihrer Eltern kopiert. Und selbstverständlich haben Sie auch für das Thema Geld ein entsprechendes Programm in Ihrem Unterbewusstsein installiert, das permanent all Ihre Handlungen kontrolliert, wenn es darum geht, Geld zu sparen, auszugeben oder zu investieren. Wenn Sie etwas verändern möchten, müssen Sie also auch hier in Ihrer Gedankenwelt ansetzen. Nicht umsonst gibt es die Wohlstandshypnose, Füllemeditationen und so weiter.
Wenn Sie mehr Geld verdienen möchten (übrigens ist das Wort „verdienen" entscheidend, nicht „machen" – denn Geld wird nur von der Regierung gemacht, indem es gedruckt wird usw.), müssen Sie mehr Wert schaffen. Je mehr Wert Sie für noch mehr Menschen schaffen, desto mehr Geld wird zu Ihnen strömen – oder vielleicht auch einfach etwas anderes, das auch für Sie noch mehr Wert hat. Das ist das ganze Geheimnis. Welches Problem können Sie für die Menschheit lösen? Wie können Sie das menschliche Leben vereinfachen? Was können Sie produzieren? Welches Spezialwissen können Sie weitergeben? Wie können Sie Menschen helfen, das Leben Ihrer Träume zu führen? Dann werden Sie etwas zurückbekommen. Etwas, was Ihnen etwas Wert ist.

Bestimmt haben Sie auch schon von Menschen gehört, die hohe Summen in der Lotterie gewonnen und nach zwei Jahren alles wieder verloren haben und es ihnen manchmal sogar schlechter ging als vor dem Gewinn. Diese Menschen waren mental nicht darauf vorbereitet, mit so viel Geld umzugehen. Es ist relativ simpel: Mehr Geld können Sie nur dann gut nutzen, wenn Sie für die entsprechende Summe, die Sie gerne hätten, den mentalen Gegenwert besitzen. Sie müssen gedanklich sehen können, was Sie mit diesem Geld alles machen würden, wie es sich anfühlt, was für eine Persönlichkeit Sie damit werden und wie Ihr Alltag aussieht. All das muss passieren, bevor das Geld tatsächlich zu Ihnen kommt. Sonst werden Sie es schnell wieder verlieren. Wie uns die Quantenphysik lehrt: Alles kann aus dem Nichts erschaffen werden und auch wieder ins Nichts zurückfallen. Bleiben Sie wachsam.

Der Geldfluss

Da Geld eine Energieform ist, ist es auch nicht besonders ratsam, es einfach zu Hause unter dem Kissen zu horten. Das ist so, als würden Sie einen Fluss daran hindern, weiterzufließen, Sie unterbrechen den Energiestrom, während Energie, also eben auch Geld, in Bewegung sein sollte. Das nächste Geheimnis lautet daher: Sie müssen Geld ausgeben, um Geld zu machen. Wenn Sie nicht sinnvoll investieren, vor allem in sich selbst, und wenn Sie sich nicht bewegen, kommt auch der Geldkreislauf für Sie nicht richtig in Schwung. Klar, je größer Ihre Bewegungen sind, je weiter Sie sich bewegen, desto teurer wird er erst einmal, doch desto größer werden Ihre Chancen, Geld zu verdienen.

Machen Sie sich Gedanken, worauf Ihr Fokus gerichtet ist. Die meisten Menschen sind total konzentriert auf Rechnungen, Schulden, Kreditkartenabrechnungen usw. Dadurch ziehen sie selbstverständlich immer mehr davon an, weil ihre gesamte Energie dort gebündelt ist! Ein gefährlicher Kreislauf, aus dem Sie bewusst aussteigen müssen, falls er Sie erwischt hat. Sie müssen also Ihren Fokus verschieben. Darauf, kreativ zu sein, Geld zu verdienen. Und Sie müssen sich bildlich vorstellen, wie sich das Geld auf Ihrem Bankkonto materialisiert. Es ist alles von Ihren Gedanken abhängig. Machen Sie sich bewusst, dass es leichter ist, sich Bargeld in Aktion vorzustellen, zum Beispiel, dass es zu Ihnen kommt oder für Sie arbeitet. Mit einem Stück Plastik lassen sich nur schwer euphorische Emotionen verbinden.

Nun heißt es immer, dass mehr Geld das Leben einfacher mache. Ich persönlich würde nicht sagen „einfacher", in mancher Hinsicht aber vielleicht bequemer. Doch eines ist klar: Mit mehr Geld geht auch eine größere Verantwortung einher (wovor die meisten Menschen zurückschrecken). Und ebenso eine Tatsache ist, dass mehr Geld zwangsläufig zur Notwendigkeit von mehr Entscheidungen führt. Denn nun haben Sie mehr Optionen, mehr Möglichkeiten. Das heißt, Sie müssen sich für mehr Dinge, aber vielleicht noch wichtiger: gegen mehr Dinge entscheiden als zuvor. Nun spielen Sie das Spiel auf einem höheren Level und wenn Sie es schaffen möchten, sich durch mehr Geld mehr Zeit zu verschaffen, brauchen Sie einen sinnvollen Plan, was Sie mit dieser neugewonnen Zeit anfangen wollen. Tja, die Münze hat eben bekanntlich zwei Seiten.

Geld will wissen, wohin es fließt

Sicherlich kann Ihnen Geld manchmal helfen, das Unmögliche möglich zu machen, aber nicht einfach so – auch Magie benötigt Disziplin, davon haben wir schon gesprochen. Und Grundvoraussetzung ist: Sie müssen ganz konkret wissen, was Sie wollen. Dann kann es passieren, dass Ihnen die passenden Investoren oder Sponsoren auf magische Weise begegnen. Das ist kein magisches Gedankenspiel von mir, ich habe das persönlich schon oft so erlebt. Je klarer Sie sich Ihrer Absichten sind, desto leichter werden Sie die passenden Finanzierungsmöglichkeiten finden.

Abschließend möchte ich noch darauf hinweisen, dass das Geld in der Realität nicht auf Bäumen wächst oder vom Himmel fällt. Egal, wo Sie sind und in welcher Branche Sie arbeiten, bedenken Sie, dass Geld immer von Menschen kommt. Und dass jede menschliche Beziehung aus Geben und Nehmen besteht. Wie können Sie also anderen Menschen dabei helfen, ihre Träume zu verwirklichen oder mehr Wert in ihrem Leben zu kreieren? Etwas davon wird zu Ihnen zurückkommen.

Da wir uns langsam dem Ende dieses Buches nähern, möchte ich Ihnen im nächsten Kapitel noch einen Geheimtipp verraten, denn alle erfolgreichen Menschen, die ich kenne, anwenden und der Ihnen nicht nur zu finanziellen Geistesblitzen verhelfen kann, sondern auch zu neuen Ideen, innerer Ruhe und unerwarteter Inspiration sowie besonderer Glücksgefühle.

Kapitel Vierundzwanzig
Machen Sie sich unsichtbar

Das ist mein Lieblingsthema. Deshalb habe ich es bis zum Schluss aufgehoben. Meine Mutter hat früher oft ein Lied von Claudia Jung gehört, das „Auf und Davon“ heißt. Ich war damals ein Teenager und dachte dann immer: „Ja, das wäre toll, einfach abhauen. An einen unbekannten Ort - am besten noch mit einem besonderen Menschen – das muss sich doch so anfühlen, als wäre alles möglich! Magie ist genauso: Sie hat die Macht, Menschen in eine andere Welt zu entführen, und zwar in eine Welt, in der für einige Augenblicke wirklich absolut alles möglich ist. Die Zuschauer verlieren den Bezug zur Realität und können einfach ihren Alltag und alle Sorgen loslassen. Sie können den Luxus des Staunens genießen, noch einmal Kind sein und sich der Leichtigkeit hingeben, einfach im Moment zu sein. Für mich steckt sehr viel Arbeit dahinter, solche Momente für Menschen zu schaffen. Es ist wunderbar zu sehen, wie man die Menschen berühren kann. Manchmal brechen sie sogar in Tränen aus, weil die Wirkung so stark ist, oder sie bekommen eine Gänsehaut, weil sie so gefesselt sind, von dem, was ich mit ihnen mache, oder wenn die Magie direkt in ihren eigenen Händen passiert. Es ist schon ein ganz besonderer Beruf, den ich habe.

Aber zurück dazu, wie Sie sich unsichtbar machen können. Ich denke jeder von uns träumt immer wieder davon, den Alltag einfach hinter sich zu lassen, sich für eine bestimmte Zeit verschwinden zu lassen. Für mich einer der wichtigsten Geheimtipps. Und er ist gar nicht so schwer umzusetzen.

Sie sind dann mal weg

Mittlerweile habe ich mit sehr vielen sehr erfolgreichen Menschen zu tun und sie alle tun es: Sie nehmen sich regelmäßig kleine Auszeiten aus ihrem Alltag und Leben, um sich neu zu sortieren, alles aus einer anderen Perspektive zu sehen, neue Ideen zu generieren, offen zu sein für Inspirationen. So bekommen Sie den Kopf frei. Ein anderes Klima, andere Menschen und alles andere als Routine. Das muss kein Luxus sein, aber es muss sich deutlich von Ihrem Alltag unterscheiden und Ihnen, wenn möglich, viel Möglichkeit zur Ruhe geben. Sie können auftanken und kommen viel klarer zurück. So strahlen Sie eine tiefe Ruhe und Sicherheit aus, was andere Menschen geradezu magisch anzieht. Und Sie werden merken, schon die Planung bereitet Ihnen Freude. Sofort wird sich Ihre Stimmung heben. Und Sie haben ja inzwischen gelernt, dass bessere Gefühle und Stimmungen immer zu besseren Entscheidungen und Resultaten führen. Eine positive Kettenreaktion kommt in Gang.

Ein besonderer Ort färbt Sie immer mit all seiner Kraft ein, ja, er verzaubert Sie. Lassen Sie es zu. Wagen Sie den Schritt in ein kleines Abenteuer – oder wenn Sie richtig mutig sind, auch in ein großes Abenteuer. Auf meinem Schreibtisch zu Hause steht eine Karte mit einem genialen Spruch: „Wenn dir alles zu viel wird: Verschwinde an einen geheimen Ort, verrate niemandem, wo dieser ist, nimm einfach Reißaus, sei auf und davon – dann sind bei deiner Heimkehr vielleicht auch alle Sorgen vom Winde verweht. Das ist in etwa so, wie der Magie die Möglichkeit zu geben, zu passieren. Sie sollten es ausprobieren.

Ein plakatives Gegenbeispiel: Setzen Sie sich doch einmal in eine fensterlose Abstellkammer, zwischen Besen, Putzeimer und Müllsäcke, in dem es noch nach Farbe riecht. Jetzt nehmen Sie ein leeres Blatt Papier und erfinden etwas Nobelpreisverdächtiges! Wie groß sind wohl die Chancen, dass an diesem Ort etwas Magisches passiert, wenn Sie sich alles andere als wohlfühlen?

Die Magie eines Ortes

An einem neuen Ort, an dem Sie sich wohlfühlen, werden Sie auch auf ganz neue Ideen kommen, die Sie mit zurück in Ihre Welt nehmen können, um sie dort umzusetzen. Vielleicht sind nicht alle Sorgen verweht, wie auf meiner Karte – aber Sie finden plötzlich ganz leicht Wege, sich selbst davonzupusten. Ich habe kein einziges dieser Kapitel in diesem Buch zu Hause am Schreibtisch geschrieben, weil ich wollte, dass jedes Kapitel, jede Idee darin lebendig ist und die Chance hat, Ihnen dabei zu helfen Ihr Leben zu verbessern.

Auch Albert Einstein wusste schon, dass ein Problem nicht auf die gleiche Weise gelöst werden kann, wie es entstanden ist. Also öffnen sie den Raum für neue Lösungsmöglichkeiten. Seien Sie bereit für neue Impulse, die Sie niemals zu Hause auf Ihrer Couch finden könnten. Wenn Sie dafür bereit sind, kann das Unmögliche möglich werden. Wir kehren niemals als die gleiche Person von einer Reise zurück. Wenn wir uns fordern, uns Neuem öffnen, werden wir im Laufe der Zeit zur besten Version unserer selbst und dann kann einfach alles passieren. Dann strahlen Sie auf andere Menschen eine solche Faszination aus, dass erstaunliche Menschen Ihren Weg kreuzen werden, die Sie auf neue Ideen bringen werden. So entsteht eine dynamische Positivspirale, Ende offen. Aber ich warne Sie: Das ist so faszinierend, so magisch, dass sie es auch aushalten müssen. Können Sie das? Auf der Couch ist es bequemer, aber es wird dort auch nichts passieren – zumindest nichts Magisches. Das ist Ihre Entscheidung.

Wichtig in solchen Auszeiten ist es – wie ich es schon beim Thema Zeit beschrieben habe - Platz für das Unvorhergesehene zu lassen. Denn oft ergeben sich aus einem Termin, einem Ereignis oder einer Begegnung erstaunliche Entwicklungen, für die Sie Zeit haben möchten. Ich bin auch begeisterte Rotarierin und wenn ich on Tour bin, versuche ich immer an verschiedenen Orten auf der Welt in einem Rotary Club vorbeizuschauen – dort trifft man immer spannende

Persönlichkeiten aus den verschiedensten Branchen. Oft reicht schon eine Geschichte, die mir dort jemand erzählt hat, und ich entwickle daraus eine neue Illusion für die Bühne. In Den Haag habe ich vor Kurzem mit Diplomaten und Leuten, die für die Regierung arbeiten, zu Mittag gegessen. Sie waren sehr angetan von der Magie hinter der Magie und fragten mich, ob ich auch Unternehmen coachen würde. So bewahrheitet sich für mich immer mehr ein Spruch, den ich mal in einem Zauberfachbuch gelesen habe: „Es gibt keine Grenzen, wohin dich deine magischen Fähigkeiten nicht bringen können."

Gleiches gilt auch für Sie: Sie müssen keine Kartentricks beherrschen, um die Welt zu verändern. Auch Sie sind mit Sicherheit ein Ass in irgendeinem Bereich. Das sind Ihre Superkräfte. Lassen Sie sie sich entfalten. Am besten an einem Ort, an dem es Ihnen gut geht und Sie in den Ruhemodus gelangen können. Also los, überlegen Sie, an welchem Ort auf der Welt es Ihnen besonders gut geht? Was müssten Sie in Ihrem Leben ändern, um öfter dort zu sein? Welchen Ort wollten Sie schon immer sehen? Was hält Sie davon ab, in naher Zukunft dort hinzureisen? Wenn Sie die letzten Kapitel aufmerksam gelesen haben, kennen Sie die Antwort.

Tauschen Sie Alltag gegen magische Momente

Für einige Zeit an einem fremden Ort zu sein, ist auch gut, weil Sie zwangsläufig mit Ihrem gewohnten Alltag brechen müssen, Sie müssen sich gewissermaßen neu definieren und Ihr gewohntes Denken an eine neue Umgebung mit neuen Bedingungen anpassen. Machen Sie sich bewusst, dass das Unmögliche an einem weit entfernten Ort vielleicht viel leichter möglich zu machen ist. Denn während es bei uns Nacht ist, ist es am anderen Ende der Welt Tag. Wenn es gerade Winter ist, ist irgendwo auf der Welt zeitgleich Frühling oder Sommer.

Magie erfordert genau dies: konventionelle Wege zu verlassen. Denn es liegt auf der Hand: Magie kann niemals dadurch entstehen, dass

man tut, was alle tun, Wege geht, die jeder geht, Entscheidungen trifft, die jeder trifft, und mit dem Strom schwimmt. Das werden Magier nie tun. Als Magier gestalten Sie Ihre Realität bewusst. Wenn Sie eine Entscheidung getroffen haben, bleiben Sie dabei. Dadurch steigt auch die Achtung vor sich selbst! Ich sage nicht, dass das einfach ist. Klar ist auch, je größer Ihre Ziele, desto größer die Herausforderungen auf dem Weg dorthin. Ich persönlich habe sogar das Gefühl, dass einen manchmal der passende Ort zum passenden Zeitpunkt findet. Unsere Zeit hier ist kostbar und begrenzt:
Verschwenden Sie sie nicht, indem Sie das Leben eines anderen leben.

Möchten Sie Ihren Traum leben oder den Traum eines anderen Menschen? Sie müssen sich entscheiden, denn Sie können nicht in beiden Welten gleichzeitig leben. Und Sie können nicht kurz in eine Parallelwelt schauen, wie Ihr Leben im anderen Fall aussehen wird. Setzen Sie auf die richtige Karte. Nach meinen Shows fragen mich Zuschauer auch oft, ob meine Vorhersage auch gepasst hätte, wenn sie sich am Anfang komplett anders entschieden hätten. Meinen Zuschauern sage ich dann: „Tja, das werden Sie nie erfahren." Ihnen, meinen Lesern, sage ich: „Lesen Sie doch noch mal, was ich im Kapitel über die Gedanken zum Thema „Wenn-dann" geschrieben habe.

Offenes Ende

Ein ganz persönliches Schlusswort

Denken Sie immer daran, dass das, was bisher war, nicht das Geringste damit zu tun hat, was alles sein kann! Und wenn Sie auch nur eine unmögliche Sache möglich machen können, können Sie auch Ihre anderen Träume wahrmachen.

Es ist ein komisches Gefühl, dass wir nun am Ende dieses Buches angelangt sind. Ich hoffe, ich konnte Ihnen im Laufe unserer gemeinsamen Reise ein paar interessante Impulse vermitteln. Vielleicht nehmen Sie die Welt inzwischen mit etwas anderen Augen wahr. Oder Sie haben sich sogar schon Gedanken gemacht, wie Ihr ideales Leben, in dem Sie sich wirklich wohlfühlen, das voller magischer Momente ist, für Sie persönlich aussehen kann. Wenn nicht, Sie wissen ja, Sie haben jederzeit die Gelegenheit dazu! Wo möchte Sie zum Magier werden und das Unmögliche aus Ihrer Gedankenwelt in die sichtbare Realität holen?

Bei Filmen bin ich kein so großer Fan eines offenen Endes. Ich mag einfach das Happy End. Da bin ich typisch blond. Für dieses Kapitel habe ich den Titel jedoch bewusst gewählt und Sie werden gleich erfahren warum. Noch während ich an diesem Buch geschrieben habe, traf ich einen ganz besonderen Menschen. Ron G. Holland ist 28-facher Bestseller Autor (bisher leider nur englischsprachig) und ich hatte das große Glück, dass er mich kennen lernen wollte. Wie es dazu kam, ist eine lange Geschichte, deren Hauptthema aber eigentlich perfekt in das Kapitel „Magische Fragen" passen würde. Kurz gesagt: Ich hatte ihn einfach gefragt, ob er mir für meinen Film, der begleitend zu diesem Buch auf meiner Website erscheinen wird, ein Interview geben würden. Vor dem Treffen spürte ich eine ganz besondere positive Aufregung, denn ich hatte irgendwie das Gefühl, dass dieser Termin mein Schicksal verändern und dafür sorgen könnte, dass in naher Zukunft große magische Ereignisse eintreten.

Zwar hatte ich gehofft, dass er viel Zeit mitbringen würde, weil er eine so unglaublich spannende Persönlichkeit und ein echtes Energiebündel ist, bin aber davon ausgegangen, dass unser Meeting vielleicht eine Stunde dauern würde. Man muss ja realistisch bleiben, oder? Nein, muss man eben nicht, Tatsächlich dauerte unser Treffen fünf Stunden! Das hätte ich niemals erwartet, ich glaube, ich hatte noch nie ein so langes Business-Meeting. Es war magisch. Er interessierte sich sehr für meine Magie und bat mich immer wieder zwischen unserem intensiven Gespräch um einen magischen Effekt. Die Zeit verging im Flug.

Willkommen in der Zukunft

Er ermutigte mich, meinen Kopf mit noch mehr Input zu versorgen, damit mein Unterbewusstsein mit erstaunlichen Lösungsvorschlägen und Begegnungen aufwarten könne. Er meinte, die magische Formel zum ganz großen Erfolg würde ich bereits besitzen. Er sprach davon, die passenden Schwingungen auf einer hohen Frequenz auszusenden und richtig große Dinge zu planen sowie die dafür nötigen Menschen auf magische Weise in mein Leben zu ziehen. Ich machte mir jede Menge Notizen in mein Notizbuch (mein Zauberbuch). Für manche mag das alles verrückt klingen oder sie denken gleich „Da quatscht eine viel heiße Luft“. Aber vergessen Sie bitte nicht, was ich Ihnen über Offenheit für Neues, negative oder positive Gedanken und den Mut zum Abenteuer geschrieben habe. Mein Gespräch mit Ron G. Holland ging wirklich ins Detail, was die weitere Planung meiner Zauberkunst auf internationaler Ebene betrifft.

Unser Hauptaugenmerk lag auf dem Filmprojekt. Ron zeigte großes Interesse an diesem Film und überraschte mich mit erstaunlichen Kontakten aus der Filmszene. Und tatsächlich traf ich in der folgenden Woche durch seine Vermittlung einen Hollywoodproduzenten am Münchner Flughafen. So scheinen sich die Dinge langsam zusammenzufügen. Ich bin mir sicher, Ron wird als mein Mentor und wahrscheinlich auch zukünftiger Geschäftspartner eine zentrale Rolle spielen. Zunächst einmal hat er auch das Vorwort zu diesem Buch geschrieben. Und nach unserem außergewöhnlichen Treffen habe ich nun eigentlich so viel Input, dass ich direkt das nächste schreiben könnte. Mal sehen, wie viel Magie meine tolle Lektorin und der Verlag langfristig verkraften können.

Doch nun ist mein nächstes Ziel erst einmal der Weg vom Papier auf die Leinwand. Und wer weiß, vielleicht kreuzen sich unsere Wege dadurch irgendwann? Rein hypothetisch könnten Sie sogar Teil des Filmprojektes werden, in welcher Form auch immer, wer weiß das schon? Das Level an Magie und Außergewöhnlichem in Ihrem Leben bestimmen allein Sie selbst. Wenn etwas zwischen Ihnen und der Magie steht, dann sind das nur Sie selbst. Wenn Sie zu sehr in Ihrem gewohnten Denken mit Ihrem Verstand haften bleiben. Nur Sie selbst können Ihre Grenzen sprengen und nur Sie selbst können sich dazu motivieren, den großen Schalter in Ihrem Kopf umzulegen. Machen Sie etwas Sinnvolles aus Ihrer Zeit und verschwenden Sie sie nicht damit, sich sämtliche Dinge einfallen zu lassen, über die Sie sich Sorgen machen könnten. Wenn Sie einmal hochrechnen, wie viel Zeit Ihres Lebens Sie schon mit Sorgenmachen verbracht haben, kommen Sie schnell auf viele Tausend Stunden im Laufe der Jahre! Wenn Sie glücklicher sein möchten, müssen Sie glückliche Dinge tun. Kontrollieren Sie Ihre Gedanken und Sie kontrollieren Ihr Leben.

Wenn Ihnen dieses Buch gefallen hat, dann verteilen Sie es in der Welt. Geben Sie es weiter an Freunde oder Bekannte und helfen Sie, diese auf den Weg zu einem magischeren Leben zu bringen. Und wenn Sie zu der Gruppe Menschen gehören, die jetzt warmgelaufen und bereit sind, das große Feuer der Magie zu entfachen, dann finden Sie im Anhang eine Möglichkeit, mit mir in Kontakt zu treten – für ein magisches Erfolgscoaching oder ein ungewöhnliches Seminar oder einfach, um eine meiner Liveshows zu besuchen. Diesen Hinweis finden Sie jetzt aufdringlich? Dann haben Sie das Kapitel über magische Fragen nicht gelesen. Soviel zum Thema: Wenn Sie sich etwas wünschen, dann bitten Sie darum, fragen Sie danach.

Machen Sie das Beste aus Ihrem Leben

Machen Sie einen Plan, wo Sie hinwollen, oder was Sie haben wollen. Aber lassen Sie der Magie den Spielraum dafür, wie sich diese Dinge verwirklichen. Das ist wie ein großer Zaubertrick.

Der Titel dieses Kapitels heißt deshalb „Offenes Ende", weil ich hoffe, dass Sie nie vergessen: Was immer Sie gerade bewegt, wo immer Sie sind, was immer Sie sich erträumen – selbst wenn Sie damit in einer Sackgasse zu stecken scheinen und momentan keinen Ausweg finden können, bedenken Sie Folgendes: Es ist noch nicht vorbei. Solange Sie leben, besteht die Möglichkeit, dass sich alles zu Ihren Gunsten ändern wird, dass sich der Wind plötzlich dreht! Sie haben keinerlei Einblick in die geheimen Mechanismen des Universums und die Auswirkungen der Dinge, die Sie möglicherweise bereits in Gang gesetzt haben! Unterschätzen Sie das niemals. Wenn Sie Single sind, gehen Sie raus und treffen Sie so viele Menschen wie möglich. Und was die Berufswelt betrifft: Networken Sie so viel Sie können, und schaffen Sie in Ihrem Leben Platz, dass sich eine neue Magie entfalten kann. Trennen Sie sich von Dingen, die nicht mehr zu Ihnen gehören, und schaffen Sie Raum für Neues.

Wenn Sie die Prinzipien aus diesem Buch anwenden, Ihre mentalen Gedanken fokussieren, mit Ruhe handeln, Ihr Unterbewusstsein – vielleicht auch dank Hypnose – für sich arbeiten lassen, können Dinge passieren, die weit mehr sind als alles, was Sie sich in Ihren wildesten Träumen ausgemalt haben. Plötzlich werden Sie erstaunliche Menschen kennenlernen und Sie werden an besonderen Orten aufwachen, fantastische Dinge erleben. Ihnen wird bewusst, dass alles möglich ist, wenn Sie alles geben. Machen Sie sich bewusst, wo immer Sie gerade sind: Da draußen sind Millionen von Möglichkeiten, die nur darauf warten, von Ihnen entdeckt zu werden. Und wie gesagt, es kann sich jederzeit alles, und ich meine damit wirklich alles ändern. Sie können morgen in einer neuen Welt aufwachen. Verwandeln Sie Ihr Leben in eine magische Geschichte, die Sie eines Tages mit Freuden Ihren Enkelkindern erzählen; machen Sie das Beste aus Ihrem Leben. Niemand kann Ihr Leben leben! Erinnern Sie sich, dass fast alle Dinge um Sie herum einmal unmöglich waren und dass viele Dinge, die für Sie als Kind unmöglich waren, heute eine Kleinigkeit für Sie sind. Was immer Sie in Ihrem Leben möglich machen möchten: Geben Sie niemals auf, denn erst wenn Sie aufgeben, haben Sie verloren. Solange alle Karten in der Luft fliegen, weiß niemand, in welcher Konstellation sie auf dem Boden landen werden …

Zugabe

Risiken

Zu lachen birgt das Risiko, sich lächerlich zu machen.
Zu weinen birgt das Risiko, sentimental zu wirken.
Jemandem die Hand zu reichen birgt das Risiko, in etwas
verstrickt zu werden.
Gefühle zu zeigen birgt das Risiko, sein wahres
Selbst zu zeigen.
Anderen seine Ideen und Träume zu
offenbaren, birgt das Risiko, sie zu verlieren.
Zu lieben birgt das Risiko, nicht zurückgeliebt zu werden.
Zu leben birgt das Risiko zu sterben.
Zu hoffen birgt das Risiko zu verzweifeln.

Aber Risiken müssen eingegangen werden, weil die
größte Gefahr im Leben die ist, nichts zu wagen.
Der Mensch, der nichts riskiert, tut nichts,
hat nichts und ist nichts.
Er mag Leiden und Sorgen vermei-
den, kann aber nicht lernen, fühlen,
verändern, wachsen, lieben, leben.
In seinem Verhalten gefangen, ist er ein
Sklave und hat seine Freiheit verwirkt.
Nur der, der etwas riskiert, ist frei.

Anonym

Danksagung

Dieses Buch widme ich meinem Vater, der meine Magie schon mein ganzes Leben lang unterstützt, meiner Schwester, die an mich glaubt, meiner besten Freundin Martina, die mir in schweren Zeiten immer zur Seite stand, und meinem persönlichen Coach Antje, die der Leuchtturm in meinem Leben ist.

Eine ganze Menge Menschen haben außerdem zur Realisierung und zum Gelingen dieses Buches beigetragen. Ich danke als erstes meiner Lektorin Stephanie Bräuer, die den Weg für dieses Buch geebnet hat und den gesamtem Prozess mit viel Energie und Feedback betreut hat und immer ein offenes Ohr für meine verrückten Ideen hatte. Mein Dank gilt auch Regina Denk, die bei einem fantastischen ersten Treffen erkannt hat, dass Potenzial in meiner Geschichte steckt sowie dem ganzen Verlags-Team von teNeues, all den Heinzelmännchen im Hintergrund, bei denen alle Fäden zusammenlaufen, sodass die Leser ein schönes Buch in Händen halten können. Danke an meinen neuen Businessmentor Ron G. Holland aus London, der mich immer unterstützt und auf jede Frage die passende Antwort weiß, an meinen Partner Tommy, der mir genug Raum gelassen hat, dieses Buch zu schreiben, an meine gute Freundin Silke, die mir immer Feedback zu meinen Ideen gibt und an meine neu gefundene gute Freundin Conny, die an mich und mein Potenzial glaubt. Zuletzt geht noch ein magischer Dank an die Menschen, die sich hinter manchen Geschichten in diesem Buch verbergen, und mich damit tief inspiriert haben.

Quellenverzeichnis

Literaturquellen:

Lynn Grabhorn, „Aufwachen Dein Leben wartet.
Die erstaunliche Macht der Gefühle“, Goldmann Verlag 2004

brandeins Wirtschaftsmagazin, 17. Jahrgang, Heft 08, August 2015
emotion Das Frauenmagazin. 07 - 2016

Mattew Mochridge, „Dein nächstes großes Ding. Gute Ideen aus dem Nichts entwickeln“, Gabal Verlag, 2016

Stefan Klein, „Zeit, der Stoff, aus dem das Leben ist.
Eine Gebrauchsanweisung“, S. Fischer Verlag: 2006

Gabrielle Bernstein, „Du bist dein Guru. 108 Hilfen für ein wunderbares Leben“, LEO Verlag: 2014

Dr. Richard Bandler, „Get the Life you want. The Secrets to Quick & Lasting Life Change“, Harper Collins Publishers: 2008

Hermann Scherer, „Jenseits vom Mittelmaß. Unternehmenserfolg im Verdrängungswettbewerb“, Gabal Verlag: 2013

Paul McKenna, „Instant Influence & Charisma“, Bantam Press: 2015

Ron G. Holland, „Turbo Success. How to Reprogram the Human Biocomputer“, Witherby & Co Ltd: 1993

Ron G. Holland, „The Millionaire Within“, Hörbuch,
Verlag R L Holland, Audible.de 17. März 215

Igor Ledochowski, „Conversational Hypnosis Professional Hypontherapy 2.0“, Training manual

Internetquellen:

https://www.breakthroughbasketball .com/mental/visualization.html

http://www.planet-wissen.de/kultur/musik/macht_der_musik/

http://www.zeit.de/zeit-wissen/2012/01/Psychologie-Musik/seite-2

http://www.imageberater-nrw.de/ib-kompetenzbereiche/psychologie/hintergrundwissen-wahrnehmung-wahrnehmungspsychologie/

http://www.imageberater-nrw.de/ib-kompetenzbereiche/psychologie/hintergrundwissen-über-sinnliche-außersinnliche-wahrnehmung/

http://www.elle.de/beauty-fitness-ernaehrung-vorteile-von-krafttraining-schoenheitstipp-muskeln-197191.html

Die charmante junge Magierin, die sich MAGIC VICTORIA nennt – eine der wenigen Magierinnen/Zauberinnen unter vielen männlichen Kollegen – zaubert seit ihrem vierten Lebensjahr. Bevor sie allerdings den Mut hatte, wirklich ihren Lebensunterhalt auf der Bühne zu verdienen, studierte sie erst einmal ganz ordentlich BWL und schon ein wenig „unordentlicher" Film. Doch die Beschäftigung mit der Welt der Zauberei hat sie nie losgelassen. Und irgendwann wurde ihr klar. „So, wie ich mich mir bei jedem Zaubereffekt vorstellen muss, das Unmögliche möglich zu machen, so muss ich wohl auch den Mut haben, in meinem Leben das Unmögliche, das "Davon-kann-man-nicht-leben", das "Das-schaffst-Du- nicht" ins Mögliche zu verwandeln. Sie hat es geschafft und gibt neben ihren internationalen Auftritten als Magierin auch Workshops und hält Vorträge zum Thema „Ideen sind die Magie hinter jedem Erfolg".
Für mehr Informationen zum Buch, Videos, Hypnose und Life-Sshows von MAGIC VICTORIA besuchen Sie die Internetseite: www.magicvictoria.de

Wenn Sie einen magischen Moment mitteilen möchten oder eine Showanfrage haben, schreiben Sie an: info@magicvictoria.de

Für mehr Informationen zum Buch, Videos, Hypnose und Life-Shows von MAGIC VICTORIA besuchen Sie die Internetseite: www.magicvictoria.de oder www.premiumhypnosis.com
Wenn Sie einen magischen Moment mitteilen möchten oder eine Showanfrage haben, schreiben Sie an: info@magicvictoria.de